こころと頭を同時に伸ばすAI時代の子育て

花まる学習会
井岡由実 著
高濱正伸 監修

実務教育出版

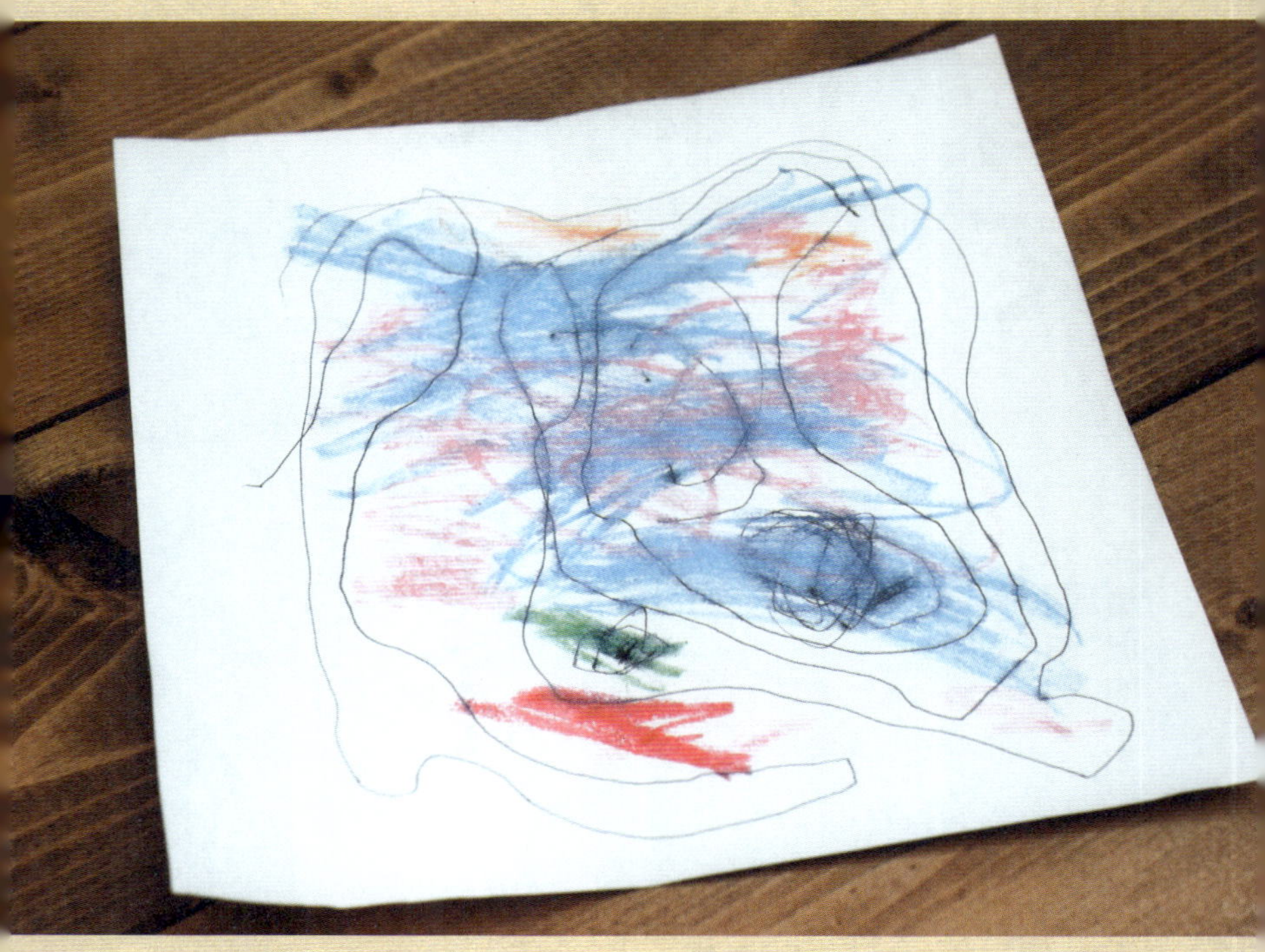

3歳の女の子が描いた絵

右の絵を見て、あなたなら
どんな声かけをしますか？
次から選んでみてください。

1　これは何？　動物なの？　花なの？
2　この赤い色がきれい。ハッとするね。
3　上手だね。もう一枚描く？
4　ここにも色を塗ったら？

前ページで最も子どもの可能性を伸ばす声かけは……。

2　この赤い色がきれい。ハッとするね。

でした。絵を見て、大人が自分自身の感じたことを言葉にして伝えているものです。

ほかの言葉を注意深く見てみましょう。

1　これは何？　動物なの？　花なの？

子どもたちが絵を描いたり、何かを表現したりするとき、それは具体的な何かではない場合も多くあります。いまの自分が使いたいと思う色を手に取り、こころの赴くままに手を動かすことをただ純粋に楽しむ行為であったとき、「これは何？」という大人からの言葉は、「何か名前のあるものを描かなければいけないのだろうか」という気持ちにさせることも。本人が「これは〇〇なんだ」と決めていない限り、それは「表現された何か」であって、ものを特定する必要はありません。もしかしたら私たち大人が、「何か具体物を描かなければいけない」という価値観に縛られているのかもしれませんね。

3　上手だね。もう一枚描く？

自由な表現をしたとき、そこには「上手」も「下手」もないのです。「上手だね」と言われたとき、子どもたちには「絵というものは上手に描かなければいけないものなのだな」という価値観が生まれます。「上手だね」という声かけは、実は無意識にですが、子どもを「評価」しているものなのです。

「絵を描くのが好きなんだね。もう一枚描く？」であれば、それは評価ではありません。「あなたが好きなのだということを見ているよ」という肯定的なメッセージとなり、子どもたちは大人に

「見てもらえている」という安心感から、自信をもてるようになるはずです。

もちろん、大人が子どもに道具の使い方などを教えるときに、「上手に使えているね」と言うのは自然なことですね。

4　ここにも色を塗ったら？

既存の価値観に縛られていない子どもたちにとって、「紙の白いところが残っているかどうか」は、作品の完成度と関係ありません。「これでおしまいだ」ということは、作者である子どもたちが決めていいこと。

「もっと描かないの？」と言われてしまうと、大人でも「これで完成ではいけないのかな？」という気持ちになりませんか？　大人は白いところが残っている画用紙を見ると、「余白」と見なして、あるいは「もったいないから」と何かを描くよう促したくなることがあるようです。けれども、本当にその必要はあるのでしょうか。それは、「紙の端まで何かを描かなければならない」という価値観の押しつけになってはいないでしょうか。

絵を描いたり切り貼りしたりする工作、創作・表現活動は、子どものこころと頭を同時に育てます。それには、そばにいる大人の反応がカギになっています。

子どもの世界をより豊かにし、もともと彼らがもっているタネをグングン伸ばし、より幸せに生きていく力を引き出すために、私たちにできることは何でしょう？

私たち大人が、子どもと同じ目線で表現する楽しみを深く知ることで、彼らに本当に必要なことは何かを考えるきっかけを得られるはずです。

子どもたちの表現の世界をのぞいてみませんか？

はじめに

はじめまして。Rin（りん）こと井岡由実です。

子どもたちの「生きる力」を育む花まる学習会で、20年間教育の現場に立ちつづけています。同時にアーティストとしても活動していますので、日常的に作品を制作しますし、写真を撮り、詩や物語を書き、音楽のライブもします。そんな私が、「アート×教育」をテーマに、子どもたちのための創作ワークショップ「Atelier for KIDs」を始めたのは、いまから10年前、２００８年のことです。これまでの活動をとおして確信していることは、この空間でこそ、**子どもたちのこころと頭を同時に解放し、強力に「非認知能力」**※1**を育成できるということです。**この本では、子どもとかかわるすべての大人が簡単にできるはずの、けれどもあまり気づいていないと思われる「大切なこと」をお伝えしていきたいと思います。

さて、いまこそ、子どもたちや保護者の方から「りん先生」と呼ばれ、大勢の人の前で話す仕事をしている私ですが、子どもの頃は超がつく引っこみ思案で、人前に立つ「先生」と「歌手」にだけは絶対なりたくない、と思っていました。

通知表には「積極的に意見が言えるといい」と書かれるのがお決まり。人前に出て注目を浴びると、緊張して話せなくなってしまう緘黙《かんもく》状態になってしまうような子でした。夢見心地にひとりの時間を満喫することが至福の過ごし方で、何かを作ったり描いたりするのが大好き。そんな私を受け止めてくれたのは、一軒家のアトリエで開かれていた工作教室でした。おじいちゃん先生が、適度な距離感でしゃべれない私を受け止め、大好きだった絵画や工作を存分にさせてくれた空間が、私の原体験です。

子どもたちとかかわるきっかけとなったのは、学生時代アメリカに滞在していたときに出会った友人（と呼ぶには親子ほど年が離れているのですが）メイベルとの出会いでした。彼女がたまたま日曜日に教会で子どもたちにアートを教えていたことがきっかけで、一緒に活動をすることになりました。新しく創作のタネとなる聖書の一場面を選び、どんな作品で表現するのか、試行錯誤の企画会議は毎週日曜日に向けて白熱し、本当に刺激的でした。

彼女に「あなたは、子どもたちのこころに触れることができるのね。子どもと一緒の仕事が向いているわ」と言われたことがきっかけで、帰国してすぐに子どもたちとかかわることのできる教育の現場を探し、出合ったのが花まる学習会でした。

「コンプレックスは強みになる」という言葉がありますが、一番苦手なものにあえて挑戦することで自信をつけていくこと、それが大人になることだと子どもごころに感じていました。幼少期からの長い期間、殻を破ることもせず、ただ自分の世界にひきこもっていた(幸せな)時代。その記憶はのちに、のびのびと自分の「やりたいこと」だけに没頭できる時間をくれた両親への感謝の思いに変わります。不覚にも、あの頃一番なりたくなかった職業にいまは就き、本当に大好きだったことをライフワークにしています。

いま思えば、あれだけ濃密な、自分だけの自由な時間に代わるものなどなかった。20歳になったあとの年代に、いろいろな局面で、「意味のあることだけをしたい」という感覚を信じ、納得いくまであきらめない強い意志を貫き通せているのは、なぜなのだろうか。

きっとあの自由な時間と、「自分は愛されている」という自信だったのだなと思います。

弱くて身体も小さく、人前に出たがらないわが子を、決してそんなふうに形容することなく、「ママの可愛い由実」「大好きな由実」と話しかけ、何でも大げさに喜んでくれたあの頃の親ばかな母に感謝しています。

どんな子にも秘めたタネがあって、その芽は必ず花を咲かせるのです。大人になった彼らに大輪の花を咲かせられるのは、幼児期の「幸福な」時間と、愛されていたという自信でしょう。

講演をすると決まって、「りん先生は大人に見えるけれど、本当は子どもなんじゃないか。なぜそんなに子どものことがよく理解できるのか」と大真面目に言われることがあります。私にとって、「かつて子どもだった私」の存在は、いまでもすぐ隣にある感覚です。いつでも手が触れられるくらいの場所にあって、そう願った瞬間に取り出せるもの。「子どものこころに触れる」のは、だから私にとっては簡単なことです。そしてこれは、誰にでもできることなのです。なぜなら、かつてはみんな、子どもだったのだから。

かつては子どもだったあなたが見ていた、感じていた、あの頃の世界は、どんなものだったでしょうか。そのとびらを開けるお手伝いをするつもりで、子どもとかかわるすべての大人の方が、知っておいて損はないこともまとめました。

幼児期の子どもたちとかかわるすべての大人は、子どもたちと一緒に、自分の人生をも

豊かにすることができるのです。世界とどのようにかかわっていくのか。それを決めるのは私たち自身なのです。

さて、近年、社会で成功する魅力的な大人になるためには、幼児期に、「非認知能力」が十分に形成されていることが重要だということが、教育経済学者によって紹介されました※1。さらに、次世代のリーダーを育成するためには「直感」と「感性」が必要であると、ビジネス界でもアートによる効能が注目されはじめています。

一歩社会に出たら、学力以外の能力がむしろ圧倒的に大切だと、実感される方は多くいらっしゃるでしょう。どんなに勉強ができたとしても、自己管理ができず、やる気がなくて誠実さに欠ける人とは、一緒に仕事をしたいとは思えません。才能はあっても、やり抜く力がなく、成功に至らない人もいます。

子どもたちを指導する現場でも、実感しています。早く正解を出すこと、言われたことだけをやることが上手だった子が、思春期に伸び悩む。幼少期に「なんで？　なんで？」

と大人を困らせた子、悔しさから泣いてばかりいた子、おしゃべりが止まらなかった子が、困難な課題にもあきらめずにトライし、努力しつづける素敵な青年になる……。そんな事例を、たくさん見てきました。

彼らが魅力的な大人になったのは、その特性のもつ意味に気づき、彼らの性質をポジティブなものとして見守り、育ててあげる環境があったからなのは、言うまでもありません。

幼児教育とは、人格教育です。教育の目的は「人格形成＝こころの教育」であり、内なる可能性を引き出してあげることです。いつでも彼らの遠い先の未来を見据えたうえで、「楽しい、おもしろい、知りたい」という気持ちを大切に育て、**自ら学びつづける力を身につけさせてあげられるかどうか。**それには、我々大人の側の感性、子どもとともに感じるこころが問われます。

目まぐるしく起こる変化への対応力がカギとなる、これからの時代。「自分はこうしたい」という気持ちを抑えこんで生きる時代は終わりました。これからは、好きなことをして生きる時代に、社会構造がシフトしていきます。**自分の魂が喜ぶことをし、楽しみなが**

ら人の役に立つ生き方をめざす、「好きなことでしか生きていけない」時代が訪れます。

必要とされるのは、将来を見据え、決断して、行動できる人材です。そんな予想される未来に対して、旧来の教育システムのままで果たしていいのだろうか。保護者や教育者、子育てにかかわるすべての大人に、意識の変革が求められています。

- 人とは違う、自分のユニークさを自覚したうえで、自分らしさを表現してよいのだということ
- 自分を大切にする経験は、他人を尊重することにつながるのだということ
- 人生は有限であり、時間をどうデザインするのかは、自分で決められるのだということ

自分らしく生きていくこと、その生き方を奨励すること。

これらの哲学ともいえるメッセージは、私が活動をとおして子どもたちに伝えているものです。

子どもたちとかかわるすべての大人が、「アート×教育」の視点をもつことで、これからの社会を生きる力となるメッセージを、人生に対する姿勢そのものを、子どもたちに実

感をもって体験させてあげることができるのです。

「ねばならない」ではなく、「やりたい」ことをして生きていく。**「最も自分らしく生きていくこと」が、自分の望む仕事を生み出していくことにつながる。**

人が、その人自身になることを極めていくと、必ず人の役に立つことができるのです。そのために大切なのは、意欲を育てることです。「学ぶ意欲」を育てる、とよく言いますが、それはいったいどんなものなのでしょうか。

不思議なこと、わからないことを「おもしろい」と感じること。

「どうなっているのだろう？」と探究する能力。

問題を見つけたら仮説を立て、解決しようとするこころ。

わからないことに出合うと、解決したくなるような気持ち。

これらを育むことが、「学ぶ意欲」を育てることとです。

新しい時代は、まだぼんやりとその輪郭を見せはじめたばかりです。

けれど自発性を尊重され、「学ぶ意欲」を削がれずに成長した子どもたちは、きっと道を切り拓き、新しい生き方と新しい社会をつくっていくことでしょう。

よりたくさんの子どもたちが、「**自分は何をして、どんなことで人の役に立ち、幸せに生きていくのか**」を選択して、どんな状況でも、自分の人生を切り拓いていけるように。

そのために、「アート×教育」という、直感と感性が軸となる正解のない世界で、いま私たちができることを、現場の実感を踏まえてお伝えしたいと思います。

2018年8月　井岡由実

※1「非認知能力」

ＩＱや学力テストでわかりやすく見える、認知能力とは違うもの。つまり、「忍耐力」や「自制心」、「協調性」「計画性」「好奇心」といった気質、性格的な特徴のこと。経済学者はこれらを「非認知的スキル」と呼び、心理学者は「人格の特徴」と呼び、一般の私たちはこれを「性格」ととらえています。リーダーシップ、忍耐力、やる気といった非認知能力が、子どもたちの将来にとってどのような影響を与えるかという教育の大事な部分は、これまで経済学者の研究対象とされてきませんでした。しかし、点数や数値ではっきりわかる「学力」と違い、数値化が難しかった「非認知能力」が、将来の子どもたちの成功にとって、とても重要なものだという科学的根拠が示されました。

Rin《りん》先生
（井岡由実先生）

Lee
KELME
Ciudad de madrid

CONTENTS

第1章 こころと頭を育てるためにいますぐできること

第2章

最初に伝える「アート×教育」のグランドルール

第3章

大人のための「6つのやくそく」

第4章

日常にARTを

❶❸❻❾制作中は、色を選ぶことも含めて自分との対話　❷❿作品完成後の満足感　❹お母さんのこころが動くことを子どもたちは感じている　❺教えあうことの意味　❼きはんを聞く子どもたち。本質的なことは伝わる　❽「好きな作品はどれですか？」鑑賞会の様子　⓫集中を妨げない　⓬自分の作品について語る

第1章

こころと頭を育てるためにいますぐできること

子どもの世界と対話する
―生きていること、そのものが表現活動―

特に7歳くらいまでの「言葉が熟す」までの期間、子どもたちは、言語以前の世界に生きています。言葉ではなく、五感を使って身体じゅうでコミュニケートしているのです。いいか悪いかのジャッジもせず、まるでスポンジのようにものごとを丸ごと吸収している時代。彼らはすべての出来事を身体じゅうで味わう、豊かな世界に生きています。

この時期の子どもたちにとっては、あそびは生活そのものであり、あそびの中にすべての学びが詰まっています。生きているだけで、学んでいる。

同時に彼らは、あそびや生活をとおして自らを表現している、小さなアーティストです。私たち大人が、彼らの生きているみずみずしい世界と対話するには、こちらから何かするより、「彼らがどう感じているのか」を大切にしてみることです。

ふと見たら、コップからコップに水を入れ替えている、ティッシュを引っ張り出しつづけている、なぜかボタンを押したがる……。一見、大人には意味のないような、むしろ後片付けが大変になるからやめてほしい、と思うような行動やこだわり。その中で、子どもたちは感じて考えて試行錯誤をし、学びを自分のものにしようと集中しているのです。夢中でやりきったあとの子どもたちの表情は、満たされて、すっきりしています。

「こうしたらどうなる？　もっとやってみたい」。こころのままに手と頭を動かし、その瞬間の素直な感情を表現することが妨げられない。そんな環境を守ってあげたいものです。

十全とあそびきった経験があるか、好きなことにどれだけ夢中になれたかということは、その子が大人になったときの「生き方」に大きく影響します。他人の意志ではなく、自分の意志で自分のこころを満たす、その経験にこそ、大きな価値があるのです。

次のページでは、あそびと生活のすべてを表現しながら生きている小さなアーティストたちの世界を少しのぞいてみましょう。

子どもの世界を知るためのワンポイントレッスン

声をかける前に、子どもをよく観察しましょう。何をおもしろいと感じているのか、何を気に入っているのか。子どもは行動してから考える生きもの。自分で体験することが多いほど、思考が育つのです。

作品ギャラリー

輝いている子どもの世界

❶

表現の形は自由でいい

子どもたちは思いを伝えたくて、作品をプレゼントしてくれます。

文字を知るずっと前に、彼らは絵で表現してお手紙にしてくれるのです。

伝えたい思いが、表現として唯一無二の作品になる、その原体験。

❶冒頭にも掲載した3歳の女の子の作品。「いろんな色を使ったんだね」と声をかけると、「りんさんのところに行く電車、私、りんさん」を表現したのだと教えてくれました。おうちにあった折り紙の裏に、ボールペンとクレヨンで描いた日常の作品ですが、たくさんの色を使った描きこみから思いが伝わってくるお手紙作品になっています。さらに「このボタンを押すとライオンが出てくるんだよ。助けてくれる

の」と、お話は続きます。見ている私たちが、その作品から感じた言葉をただそのまま伝えるだけで、主体的なコミュニケーションが始まっていくのです。

❷「鉄琴とうたうりんさん。黄色の服を着てる」

❸「私のくるくるヘアだよ」。これは実はお団子ヘアの「髪形」を描いているのではなく、彼女のふわふわした「髪質」を、ぐるぐるで表現したものだそう。子どもは、見えているそのままを表現するわけではないのです。

❹「宇宙文字」でお手紙を書く時代。言葉を声に出しながら書いているので、それを聞いていたお母さんが、内容を代筆して同封してくれることも。

どこまでも広がる世界

（大人から見て）理解しやすい「作品」をつくることが創作活動ではないのです。

大人の価値観を押しつけずに、「あなたは何をしたいのか」ということに耳を澄ませる。それが、彼らを尊重することにつながるのだと、いつも考えさせられます。

⑤⑥ 静かに没頭しつづける2・4歳児。外でのワークショップにて。この年代は、あそびがそのまま表現活動の一部となっている。感じ、発見し、感動し、試行錯誤する。「もっとこうしたい」「赤色が欲しい」「どうなるだろう」と、こころと頭がぐるぐる動いています。

「これ、何描いてるの?」などの声をかけないで見守ります。

❼「自由にやりたいように」を理解している子どもたちは、その日の作品テーマを自由自在に発展させ、次々とオリジナル作品を思いつき、制作していきます。できた作品を鑑賞（写真撮影）することは、彼女という存在のいまを、「私はこうしたい」という気持ちを、丸ごと受け止めることにつながります。

❽創作が生きていくうえで必要な行為である「何かひとつ」になっている子どもたちは、家でも、誰に頼まれなくとも、創作活動を続けます。ギャラリーにて、割りばしでつくってきた作品をプレゼンしてくれる5年生。

❾自分を表現しきった子どもたちは、すっきりした気持ちで片付けを率先してくれます。「先生、見て!」と言われると、いつも「ホラ、これも作品だよ!」の言葉。彼らにとっては、片付けもARTなのです。

どうまねればいいかを見せる

子どもは「まねる」生きものです。お母さんの口ぐせであろうセリフを作文で書いたり、もっともらしく話したり……。家庭の様子が透けて見える、そんなおかしくってたまらない経験を、子どもとかかわる大人であれば一度はしたことがあるでしょう。

脳神経細胞のミラーニューロンは、他人の行動を見ていると、まるで自分がその行動を行っているかのように反応するそうです。スポーツや音楽の世界でも、プロの動きを間近で見るだけで、私たちの脳細胞はそこからすでに学んでいる。

小学生の集団を見ていても同じです。3年生が靴を揃えると、初めて教室に来た1年生も同じようにします。さかあがりができない子が、隣でくるりとまわる友だちを見た次の瞬間、できるようになるということもありました。

小さな赤ちゃんでさえ、大人のしぐさを本能的にまねますし、「おままごと」は、家族のさまざまな人の役割を「まね」をして演じることで、そのロールモデルを学んでいる。

まねることは、学ぶこと。子どもたちにとって、最も根源的で本能的な学びが、「まねる」ことなのです。そう考えると、**子どもたちにとってよい教育とは、まず大人自身が「子どもにまねられるに値するように在る」ということなのでしょう。**

「ホラ、ちゃんと挨拶して！」「そんなときは、何て言うの！」と子どもに言う前に、私たち大人が、どうまねをすればいいかを、ちゃんと見せつづけてあげる。

「私の振る舞いは、子どもが見て、まねられるに値しているだろうか」

「昨日の私よりも、今日の私は成長しているだろうか」

子どもを前にするとき、私はいつもこのことを、自分の胸に問いかけます。

私たちが想像する以上に、子どもたちは周囲の人の行動を見て、その人がいまをどんな気持ちで生きているのか、本質的に見抜いています。

そして、いつも成長するこころをもちつづける人間についてきてくれるのです。

まねられる大人であるためのワンポイントレッスン

「よいお母さん」を演じる必要はありません。「ありのままのあなた」が今日一日を楽しんでいたら、それだけで子どもたちは、たくさんのものをあなたから受け取っています。

「本気で」あそぶ①

子どもは、あそぶ生きものです。とにかく本気であそぶのです。

思い出してみたら、みなさんが子どものころ、あそびに適当に付きあう大人に、「ちゃんとやって！」と怒ったことがあるかもしれません。あるいは親になり、子どもからそう言われたことがあるかもしれません。あそびに「本気」だからこそ出る言葉です。

野外体験スクールで、自然の中であそぶ子どもたちを見ていると、疲れというものを知らないなと思います。

周到に用意された「あそび」の中で「あそぶ」のではなく、何にもないところから、子どもたちが自ら「あそび」を見出していける時間があれば、彼らは夢中になり集中し、どんどんクリエイティブに「あそび」を発展させていきます。

あそび方に間違いなどないから、誰にも邪魔されずに新しい何かを失敗することも許されている。自分で考える力を、体験をもって身につけていくことができるのです。

がんばったのにできなくて悔しい思いをする、一生懸命やったつもりでも報われない、

結果が出ないときなんて、人生には山ほどあります。
そんなときに差になるのは、「本気」の楽しさや充実感を知っているかどうかです。

中高一貫校を受検し、残念ながら不合格だったある女の子は作文にこう書きました。「結果は不合格だったけれど、私はこの受検で、自分でもがんばればできるようになるということを学びました。だから満足です」。

本当の勉強とはこういうことではないでしょうか。問題を解くとき、早くマルがもらえるように正解を目指すのか、「最後まで自分で考えたい！」とねばるのか。この姿勢は、高学年以降の学習でも大きな差になります。

子ども時代に「本気は楽しい」と思えるこころを養うことは、彼らの将来にとって大きな財産になります。失敗や理不尽にめげない。自分自身と逃げずに向きあうことで本当の成長や喜びを得られると知っている。そんな将来につながっていくのです。

彼らが大きくなったときに、仕事や子育てなど、生活のすべてにおいて、いきいきと魅力的にくらしていけるかどうか。

それは、幼児期のいま、本気であそび、日常の中に「あそび」や「楽しさ」を見出せるかどうかによるのです。

「本気で」あそぶ②

学力の基礎となる意欲、主体性を育てるには、つまり「いつも自分の頭で考えたい」と思う子に育てるには、どんなことが大事なのでしょうか。

「まずはやってみよう！　絶対できるはずだ」と思える、こころの土台のようなものは、どうやって培《つちか》うことができるのでしょうか。

ここに「本気で」あそぶことが深くかかわっています。花まる学習会では、子どもたちが「あそび」だとしか感じられないように、授業を設計しています。

幼児期のうちに、「大好き」で、「楽しく」て、「もっとやりたい」と思える経験を積むことが大切なのです。

なぜなら**脳は、「大好き」で、「繰り返したこと」だけが伸びていくものだからです。**

我々大人が感じる「充実感」は、実は、小さな子どもでももつ感覚です。その瞬間、自分自身と向きあっているからです。

あそびが子どもたちの力を伸ばすのは、なぜか。

それは、あそびが子どもたちにとって「楽しい」としか思えない「本気で取り組んでいるもの」だから。**本当の意味での楽しさは、「やらされている」何かに従順に従うことの対極にあるものです。**

人間が最高のパフォーマンスを発揮できる状態というのは、あそんでいるときです。はたから見たら、ものすごく大変そうな仕事をしているように見えていても、どこかに「あそび」があるからこそ、人はその仕事に夢中になり、結果として最高の仕事を果たしていける。

そんな力を育んであげるために、まずは私たち大人が、「本気であそんで」生きている後ろ姿を、子どもたちに見せることが大事なのではないでしょうか。

本気の大人の姿を見せるワンポイントレッスン

あなた自身が好きだと思えることに、時間を使って生きていますか？　仕事や家事、趣味やスポーツなど、何でもいいのです。夢中になって生きる後ろ姿を見せてあげてください。

「観察」と「感じたことを言葉にする」のが基本

0～2歳の子どもたちと接してみると、彼らは大人のように言葉で表現することはなくても、感情も意思もある、一個の人間だということに改めて気がつきます。しかし、我々大人がそのことを忘れたときに、いろいろな問題が起こるのではないでしょうか。「何やってるの？　早く行くよ」「それはそうやってあそぶおもちゃじゃないよ」「ダメ、それは触らないで」……。もしかしたら、対等に承認されるということのほうが、彼らにとっては珍しいことなのかもしれません。

一個の人間として対等にあろうとすること。それは子どもたちとかかわる大人がもっておくべき心構えです。言葉を話さない年代の幼児に対しても、よく「観察」し、大人が「感じたことを言葉にする」ということはできます。泣いている子に、「びっくりしたね」「取られたと思ったんだね」「それが欲しかったんだね」。言葉の意味すべてが彼らに通じなくとも、理解を示すことはできます。「言葉を使わない会話」とは、「表現された何か」と同じです。いつでも目の前で「即興アート」が繰り広げられている年代。言葉を使う私たちと、言葉を使わない表現者である彼らをつなぐもの。

よく観察をすることができるということは、相手を知ろう、わかろうとすることと同義です。それは目の前にいる人を、身なりや肩書で判断するのではなく、その本質を見抜こうとする姿勢であり、そのことこそが、人として最も豊かな生き方に通じるはずなのです。

「あなたはどうしたいの？」「どう考えて、何を感じているの？」ということをちゃんと知りたいし、尊重したい。

コミュニケーションで大切なのは、実はそのことだけなのかもしれません。

子どもと接するためのワンポイントレッスン

疲れているときやこころに余裕のないときは、感じとることそのものが難しくなりますよね。そんなときは、子どものしていることにひと声かけるだけでも大丈夫。たとえば「手を洗えたね」「靴を脱げたね」（揃えていなくても！）など。さらに、「○○してくれてありがとう」と伝えることができると、子どもはとても満たされた気持ちになります。

「言葉」が先にある

ある写真展でのこと。まだ生後数か月の赤ん坊に「わぁ見て、桜だよ。まだ見たことないね」「ほら、夕焼け。きれいだねえ」「すごいねえ、いろんな色があるね」……としきりに話しかけるお母さんがいました。それを見て、私の父も、2歳の孫を毎朝膝に乗せては、新聞に載っている写真を見せながら「鶴やで、かっこいいなあ」などとやっていたのを思い出しました。

子どもの「感じるこころ」を育てる最も身近で簡単な方法は、大人が、こころに思ったことをその場で口に出して言うことです。「きれいだね」「寂しいね」「おもしろいね」「花が咲いたね」「あ、満月だね」「雨が降りそうだね」「不思議だね」「なんでだろうね」「お母さんはうれしい」……と。こころは、言葉によって伝えられます。優しい言葉には優しいこころが、温かい言葉には温かいこころが、思いやりの言葉には思いやりのこころが宿っています。そして、そんなつもりはなくとも、受けとった子どものこころに根づいていくのです。こころだけでなく、顔つきさえも変えてしまう力をもつのが言葉。意地悪な人が意地悪な言葉遣いをするのではなく、意地悪な言葉遣いが、人を意地悪にします。言葉が、いつも先にあるのです。幼児教育の大きな目的に「感じるこころ」を育て、人格の土台をつくり、こころの教育をすることがあります。「感じるこころ」は、子どもたちが将来自分で自分の道を選んで生きていくためのセンサーともいえるものです。自分に見えているもの、触れたものごとをどうとらえ、何をよいと感じるか。「感性」とも言い換えられるそのセンサーによって、人の生き方は大きく左右されます。それを育てていくのは、私たち大人の「言葉」なのです。

そんな意識を強くもって、我々大人は、子どもたちに接していきたいものです。

感性を育むワンポイントレッスン／「Ｉ」メッセージ

見えたことを自分の感じたままに言葉にしてみましょう。難しく考える必要はありません。見えたこと、感じたことを「私はこう思う」とそのまま口に出せばよいのです。

㊄「ゆかが笑っているとママはうれしいよ」
「そこにおもちゃを置かれると、お母さんが通れなくて困るな」
「あさがおの花が咲いているね。うす紫色がきれいだね」

ユーモアは日常の中のアート

ひょうきんな自分、というものは誰の中にも存在します。それは誰かを笑わせたい、喜ばせたい、驚かせたい……というような、相手が幸せであることに喜びを感じる、社会的な生きものである人間の根源的な欲求です。

子どもたちは表現していく中で、必ず自分の中の「あそびゴコロ」に気がつきます。そして最終的には最も重要な、自分を楽しませたい、という欲求に従っていきます。その瞬間こそが、自由に「表現する」ということです。

他者をイメージし、しかも自分を喜ばせる。それが同時にできることの追求はまさに、よい仕事をしているときの我々大人の理想ではないでしょうか。

「見守り」ながら子どもたちの「あそびゴコロ」をいつも引き出せるつもりでいる。それが、アーティストでありながら教育者として生きる私が大切にしていることです。絵の具がついた手を見て「汚れちゃった……」と言った子に、「その手も作品だね」と言ってカメラを向けると、彼らは笑顔でフレームに収まります。

固定概念にとらわれず、「こんなとらえ方もある」と示すものという意味で、ユーモアとアートは同じ性質をもっているのです。どちらも美しいと思ったこと、おもしろいと思ったことを作品に昇華するという点では同じ。

逆に、「こうでなければならない」といった、大人側の「ねらい」に気づいてしまうと、それはもうあそびでも表現でもない、大人を喜ばせるためのゲームになりさがってしまう。

私自身が子ども時代にそうであったように、表面には出さないけれど、子どもたちの内面はその違和感を感じとっています。

日常の中からユーモアを見つけ出すワンポイントレッスン

どんなことにも笑いを見つけられる人は魅力的です。一日にひとつ、日常で起こった失敗や、いらだったり大変だったりした出来事をどんな「オチ」にすれば人は笑うか考えて、SNSにあげるつもりで言葉にしてみてください。言葉にすることで、自分の気持ちを整理できますし、「本当は私はこうしたかったんだ」という発見もあるかもしれません。

落ちついて考えてみたら「笑える」と思えたなら、マイナスな出来事も「ネタ」に昇華できたということですね。

没頭できる環境を整える

子どものころ、私はどこへ行くにもクレヨンと画用紙を持っていくような子どもでした。家でも創作することが生活の一部となっていたので、部屋の一角にはビニールシートが敷きっぱなしになっているコーナーがあり、そこではいつでも絵の具を使っていいことになっていました。

子どもたちと絵の具を使った創作をしたあと、「おうちではどんなふうに発展させましたか？」などと質問すると「まさか！　家で絵の具は広げられません！」とおっしゃるお母さんもいて、「ああ、私はとても恵まれていたのだな」と初めて気がついたものです。

それからは、「お母さん、この時期ならお風呂場で絵の具の実験をさせてあげるといいですよ」などと、発想の転換をはかったアドバイスをするように心がけています。

一方で、日々創作をしつづけている子どもたちのありあまる作品群を飾るためのギャラリーを、部屋の壁面に設けてくださるおうちの方や、写真にとって残している方など、たくさんの工夫を逆に教えてもらうことが多くなりました。子どもたちにとって、制作をしてもいい自分だけのアトリエスペースをもつことや、自分の分身でもある出来上がった作品を飾ってもらえることは、自分への自信につながるのです。

創作が好きな子だけではなく、家の中に自分だけの空間をつくってあそんでいる子、体を動かすのが大好きな子、子どもによって夢中になることはそれぞれでしょう。「この子はこれが好きなのだな」と気づいたときに、没頭できる環境をつくってあげる。

それができたら、子どもたちはきっとさらに探求を進め、主体的にあそび、学ぶことを覚えていくでしょう。

子どもの「好き」を大切にするワンポイントレッスン

没頭する経験こそがあらゆる力を伸ばします。目の前のお子さんは、どんなことに夢中になって没頭しているでしょうか。好きなこと、夢中になっていることを見つけて言葉にしてあげましょう。そこに評価は必要なく、好きだという思いを認めて伝えてあげればよいのです。

㊣「まさのぶは走るのが好きなんだね」「ゆみは歌を歌うのが好きなんだね」

「よかったね」で終える

子どもが何か失敗をしたときに、あなたはどのように対処するでしょうか。

たとえば、おもらしをしてしまったとき、忘れ物をしてしまったとき、転んで膝小僧をすりむいてしまったとき。「ダメじゃないの」「何回言ったらわかるの」「本当に困った子ね」などのマイナスな言葉を言っていませんか。何気ない大人のひと言が、実は子どものこころに突き刺さっています。**「自分はダメな、困った子なんだ」と間違ったレッテルを自分で自分に貼ってしまうこともあるのです。**

子どもが失敗をしてしまったとき、まわりの大人は平然とした表情で対処しましょう。そして、すべての処理が終わったら「よかったね」と言ってあげてください。

年中クラスの子など、ときどき教室でおもらしをすることもあります。夢中になって授業を受けていると、「トイレに行きたい」ことを忘れてしまうのです。おもらしの後始末をしてあげて再び教室に送り出すとき、講師は必ず「よかったね」と伝えます。「残りの授業も受けられるね、よかったね」と。小学生でも、急に気分が悪くなって授業中にもどしてしまう子もいます。そんなときも、後始末が終わったら「（大変だったけど）もうすっきりしたね、よかったね」と伝えるのです。

何か事件が起こったとき、本人は意気消沈している場合がほとんどです。「つらかったね、びっくりしたね」と彼らの気持ちを受容・共感して、代弁してあげることも大切ですが、どんなに悲惨な状況でも、最後に必ず「よかったね」と付けくわえてあげてください。そうすると子どもたちは魔法がかかったかのように「うん」と言います。「あぁ、よかった」という気持ちから、自然に「ありがとう」という言葉も出てくることでしょう。

つらかったはずのことが、最後は「よかった」で終われる。**そうすると自然に、何かが起こっても、その出来事の中から、いい面を探そうとする人になります。**どんなにつらい状況でも、そのことに隠された意味を見出し、感謝ができる大人になるのです。

「よかったね」で終えるワンポイントレッスン

今夜、わが子が眠りにつく前に、今日一日の出来事を振り返って、「今日は～でよかったね。おやすみ」と伝えてみましょう。一日の最後が「よかったね」で締めくくれますように。

最後は自分の力で

幼児期の子どもたちにとって、ものごとの終わり方はとても大切です。いまを生きている彼らにとっては、直前の出来事の印象が、その出来事全体を決めるのです。

たとえば靴紐のちょうちょ結び。「最初は一緒にやろう、ほら、後はひっぱるだけ、自分でやる？」と、最後の仕上げを子ども自身の手で終わらせるのと、最初の部分だけ自分でやって、難所を誰か大人にやってもらって完成するのと、どういう違いが生じるでしょう。大人から見たらほんのわずかな差ですが、まったく違う印象を子どものこころに残します。「最後は自分でできた」という印象でしめくくること。それは、**世界は用意されているのではなく、誰かに完成させてもらうのでもなく、自分の手で創っていく、という原体験になります。**

子どもに「一緒に考えようか」と声をかけたとき、私はその子の反応を全身で感じます。「じゃあ、やって」とすぐに手を放して「勝手に完成させられるはずのもの」をただ待とうとする子。無言でかたくなに体をこわばらせ、かかわりを断固拒否する子。「聞いてみよう。でも本当は自分でやりたいんだ」という目で見上げる子。どの子も、最後は自分でやったと思えるように、言葉をかけます。

「ぼくじゃない。全部お母さんがやったんだ」

15年以上前、児童精神科医とともに不登校の子どもたちとその家族に向きあっていた頃に出会った、ある子どもの言葉です。進学校に通い、表彰されるような出来事があっても、彼の自信にはなっていなかった。自分の手でやりきる体験を奪われていたのです。そのことへの長年の憤《いきどお》りが、思春期にとうとう爆発した。

それは彼の、自分の人生を生きたいという強い願いの表れでもあったのでしょう。

感謝の気持ちを育むワンポイントレッスン

一日の終わりに「ありがとうリスト」をつくってみましょう。一日にひとつでも構いません。いまあるものに感謝する気持ちがあれば、マイナスの出来事への感じ方、世界の切り取り方を変えることができます。

㊄「今日も元気に保育園から帰ってきてくれてありがとう」

「ご飯をたくさん食べてくれてありがとう」

他人とではなく、前の自分と比較する

子どもというものは、もともと向上心のかたまりです。放っておいても、「やってみたい」「知りたい」「できるようになりたい」という気持ちで、まっすぐ上に向かって伸びようとする。しかし、その芽を摘むのは簡単です。「お姉ちゃんはできていたのに」「もっと上手にできないの」「あの子に比べたら、うちの子なんて」……。

こうした他人との比較、必要以上の謙遜の言葉が、気づかないうちに子どもの自信を奪います。こうして「誰かと比べられた」という記憶が生まれ、その価値観が根付いてしまった子は、「私のほうが早くできたもん」「ぼくのほうが上手でしょ」とアピールし、承認を求めてきます。そんなとき私は、「先週よりも早くできるようになったんだね」「前よりもしっかりできるようになったんだね」と修正します。

小学生以上ならば、もっと直接的に、「前の自分と比べてごらん。ほかの人と比べても幸せにはなれないよ」と伝えることもあります。

いつもまわりと自分を比べながら、「できない自分」にフォーカスするのか、毎日が昨日よりも成長している自分自身と向きあい、それをエネルギーにしていくのか。他人を出し抜いて勝つことを考える人と、お互いを高めあいながら一緒に向上していこうと思う人と、どちらが魅力的でしょうか。

たくさんの家族と日々接していると、子どもたちがすくすく育っている家庭には必ず、素直なほめ言葉が存在しているという法則に気づきます。

「そうなんです、ありがとうございます！」と、わが子への称賛を笑顔で受け止めてくれる保護者の姿が、子どもたちの芽を伸ばす太陽となっているのでしょう。

そんな「親ばか力」が、子どもたちの成長にとって必要な要素なのです。

親ばか力を育むワンポイントレッスン

自分のことも、子どものことも、家族のことも、人からほめられたら「ありがとう」で返してみましょう。特に子どもたちが聞いている場面では、謙遜する必要はありません。むしろ、百害あって一利なしです。

認めることが、ほめること

何かができたときには見てほしいのが子ども。ほめられるのが大好きです。**「ほめて子どもを育てなさい」とよく聞きますが、そればっかりだと子どもは「ほめられよう」とするようになってしまいます。**「お母さんの気に入るように書こう」「先生にほめられるようにやろう」では、ほめる人がいなくなった途端、やらなくなる。

それは、自分のためにやっていたのではなかった、ということなのです。

大切なのは、「上手だね」などと評価を下さずに、「ほめる」こと。つまり、よく観察していて、事実を口に出して伝えるだけでよいのです。

「毎日やれているんだね」「作るのが好きなんだね」「走るのが楽しいんだね」「そのやり方が気に入っているんだね」「先週よりも早くできるようになったんだね」

内容について評価するのではなく、その様子、プロセスに視点を置いてみてください。いますでにできていることを、ただ見つけて言葉にしてあげる。

無理に「ほめよう」としなくても、「あなたのことを知りたい」とその子の行動や作品

をおもしろがるこころはすでに、その子自身を認めて、ほめてあげていることになるのです。

「ほめてあげよう」「評価されればうれしいだろう」という考え方そのものが、子どもを下に見ているもの。

「あなたはこう考えたんだね」「そうしてみたんだね」と素直に感じたことを言葉にして伝えることこそが、相手を一個の人として尊重し、認めるということなのです。

認める声かけのワンポイントレッスン

子どもたちが伝えてきた言葉を、ただそのままリピートしてあげましょう。

㊒「ママー、ここをこうしてみた」「そうなんだ、ここをこうしてみたんだね」

「あなたの話を聞いているよ」ということが簡単に相手に伝わります。大人同士でのコミュニケーションでもおすすめです。

言葉にして伝えあうことで、自分も癒されるものです。人の肌に触れると出てくるオキシトシン※みたいに。

※人との触れ合いによって分泌されるホルモンで、ストレスを軽減したり、幸福な気分になったりする働きをもつことから「幸せホルモン」「愛情ホルモン」などと呼ばれる。

基準があるから自由になれる

自由とは何でしょうか。勝手、わがままとは違うものです。

たとえば何かをしたい、と思ったときに自由自在にできる能力が自分にある、ということではないでしょうか。「ピアノを自由に弾いてください」と言われて、弾ける人は自由なのです。自由とは、立場のことではなく、能力のこと。こころのままであること、思いどおりに行動できること、自由自在にできる力です。

ですから、道具の使い方がわかって道具を自由自在に扱えるようになると、子どもたちの創作の幅も広がっていきます。

そういう意味で、どんな能力を得る場合でも、最初に身につけなければならないのは、マナーです。**子どもたちにはいつも、人として大切なルールやマナーを、私たち大人が基準としてもっているということを、最初に伝えるようにしています。それは、何かを制限するものではなく、逆に自由を引き出すものです。**

たとえば、俳句は五・七・五という縛りの中で考えるからこそおもしろい。創作でも、目の前にある素材だけで制作しようとするから、いつもとは違う引き出しが開かれ、より自由なアイデアが生まれ、クリエイティブな作品がつくられる。ルールや規律、マナーの中にこそ、自由は存在するものです。

そして、マナー違反があったときには、「それは違う」と、その場でしっかりと伝えることもまた大切です。

「あの人は、優しいばっかりだから好きじゃない」という言葉を、子どもたちから聞くことがあります。優しさとは、厳しさがあってこそ、感じられるのです。ただ優しいのは、甘いだけ。

怖いときもあるけれど、守ってもらえて、頼ることができる大人がそばにいてほしい。

大人にはいつも基準を示してもらいたい。そんなふうに本能的に感じているのが子どもという生きものだからです。

基準を示す大人であるためのワンポイントレッスン

あなた自身が、「これだけは大切にしたいと思っているルール」は何ですか？

それを子どもにも伝えていますか？

自分が笑顔でいられるように

これさえあれば、子どもたちはすくすくとまっすぐに育っていくと確信しているものがあります。それは、お母さんの笑顔です。

なぜなら子どもたちは、どこまでいっても例外なく「母の笑顔のため」に、がんばる生きものだからです。

だからといって、どんなに疲れていても、子どもの前で笑え、イライラなんてしてはいけない、ということではありません。人生を楽しんでいる、ひとりの人間としての、母の笑顔のことです。

子どもが、お母さんの人生のすべてになっていませんか？　彼らはいつか手を離れる、もともと別の人格をもった、ひとりの人間です。お母さん自身が、夢中になれるもの、好きなことがあって、「自分がどうしたいか」に向きあい、人生を楽しんでいますか？

子どもは、いまやりたい、好きなこと、楽しいことしかしないという、実に本質的な生き方をしています。大人よりも劣った存在としてではなく、「お互いが違う考えをもったひとりの人間」なのです。

そんな心構えで彼らの前に立ち、私たち大人も自分が「どう感じているか」に向きあい素直になると、目の前の子どもたちの見え方も、世界の見え方すらも変わってくるのかもしれません。**子育てにおいても、「自分は本当はどうしたいか」が最も大切。そして、その答えはいつもあなたの中にあるのです。**

より感受性を高め、よりクリエイティブに、いつでもおもしろがりながら、自分を成長させていく。正解のない世界で、自分を信じて。

子育てもまた、アートなのです。

自分が何によって満たされるかを知るワンポイントレッスン

あなた自身が好きなことは何ですか？　10分間、自分だけのための時間があったら、やりたいことは何ですか？　イメージしてみると笑顔になることを、実際にするためにはどうしたらいいでしょう。もしかして、それはすでにやっていることかもしれません。自分が何によって満たされるかを意識するだけでよいのです。

第2章

最初に伝える「アート×教育」のグランドルール

私たちが創作ワークショップを始めるときに、
最初に読み合わせて確認するのが、
「きはん」です。
言わば、「アート×教育」のグランドルール。

そのひとつひとつには、
創作の場のみにとどまらない、
大切な意味がこめられています。
子どもといっしょに何かをするときには、
こんなルールを伝えてみてください。

きはんの言葉を伝えるだけで子どもはそのとおりにできる
＝本質的な言葉は、そのまま子どものこころに届く。

ARTのとびら　きはん

1　じゆうに　やりたいように　つくってください。

おしえてもらったとおりにしなくてもいいし、
せんせいや　なかまのいいところを
まねっこするのも　だいかんげい。
まったくおなじものは　ぜったいにできません。
それぞれが、ゆいいつで、せかいいち。

2　うまくいかなくてもくじけない。

こまったときは　いつでもしつもんしよう。
こまっているなかまがいたら　たすけてあげよう。

3　じかんがきたら、おしまいです。

なにごとも　おわりはあります。
いったんひとくぎり、
あたまと心がきりかえられる人は
たくさんのものを　うみだす人です。

（ただしおうちでつくるときは、とことん心ゆくまでやりきってね）

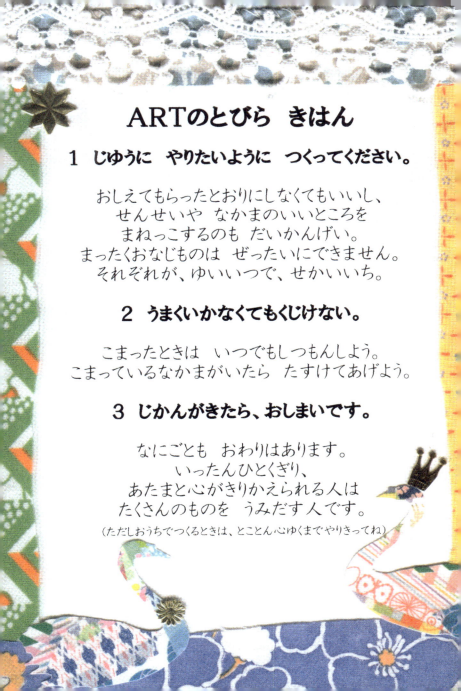

THAN
STAR WARS

Ground rules

1

自由に

自由にやりたいようにつくってください。
教えてもらったとおりにしなくてもいいし、
先生や仲間のいいところを
まねっこするのも大歓迎。
まったく同じものは絶対にできません。
それぞれが、唯一で、世界一。

Point

「先生の言うとおり」でも、「お母さんが気に入るように」でもない、
正解のないアートの世界だからこそ、
「上手にしなければ」「こうあるべき」というような
理想や束縛から解き放たれます。

本当に「自由」な表現を許されたときにこそ、
子どもたちは真の自分を解放して、
力を発揮し、自信を得るのです。

表現活動とは、自分自身との対話から生まれるものだからです。

子どもたちのとらえる「自由」

たとえば、わき目もふらずに走っているとき、何かをじっと観察しているとき、没頭して好きなことにのめりこんでいるとき、思いっきり声を出しているとき……。こころから何かに夢中になって「こうしたい」と思うことをそのとおりにできるとき、彼らは最もいきいきして、「自由」を感じています。

そして、**「自由」の中にあるときにこそ、子どもたちは本来の力を発揮し、こころも頭も同時に動かしながら学んでいます。**この体験を幼児期にできていたかどうかは、その後の彼らの人生に対する姿勢に、大きく影響するものです。

新しい何かに出合ったときに、「挑戦したい」と思えるかどうか、困難があったとしても「解決したい」という気持ちで対応するかどうか。自分がいま何を感じ、どうしていきたいのか。

そのような、自分自身への信頼の土台は、幼児期に形づくられます。自分の人生を自ら選択し、デザインしていくためには、自分の感情や思考といつでも対峙していけるかどうかが問われます。そしてそれは、子どもたちが、「自由」だと感じられる瞬間にいつも、訪れているものなのです。

創作や作文のような、自分を表現する活動も本来、子どもたちが取り組んでいる間ずっと自由を感じられる時間のはずなのです。

私が耳にしてきた、「自由」という言葉にまつわる子どもたちの反応をまとめてみました。

「りん先生の授業は、ホントに自由だから楽しい。学校では、これを使って、こうして、こうやってってってね。色は自由だけど決まりがいっぱいあるの。りん先生はちがう。〝ホントに〝自由なの」（小学1年生Sちゃん）

「自然の中にいるみたいに、自由な気持ちだった」（小学1年生Mちゃん）

「ワークショップがあった日、娘はよく喋り、よく食べ、身のまわりの細かいことに疑問をもち、とても楽しそうでした。4月から小学1年生になり、朝も夜も時間との戦い。マイペースに過ごす時間はとても減りました。まだその生活に慣れない娘にとって、ワークショップはオアシスだったのだと思います。心が解放されると、世界が楽しく見えて、たくさんのことが吸収できる土台となるんだなぁと親も勉強になりました」（小学1年生Kちゃんのお母さん）

直感の世界で生きている子どもたちは、大人たちの「こうすべきだ」「こうしてほしい」という意図を見抜いています。

それに従わせようとしていると気づけば、それはもう自由とはかけはなれたもの。自分がしたくてしているという、主体性や本当の自信にはつながりません。

自由であることを尊重することは、意欲を引き出すことと同じ意味なのです。

「自由」な環境とは対等であること

創作中、子どもたちはどんな気持ちでいるのでしょうか。

できたものを「見てほしい」という前向きな思いだけではなく、「思いついたアイデアを試してもいいのかな？」「これでもいいの？」「失敗しちゃった」といった不安が出てくることもあります。

大切なことは、すべての提案や発見、新しいアイデアを含む子どもたちの思いをそのまますべて受け止めるということ。

「それだとうまくいかないかも……」と大人が思ったとしても、「ダメ！」とは言いません。

「いいよ」

「やってみてごらん！」

「おもしろいアイデア」

「間違いはないよ、大丈夫」

こんなふうに肯定、ポジティブ、前向きな認める声かけで返答します。

「これをやったらダメと言われるのではないか」という緊張感がほどけてホッとした顔をする子もいれば、「ほんとうに？　やっていいの？」と何度も確認する子もいるでしょう。

しかし、「ここは何でも受け止めてもらえる場なんだ」と安心した子どもたちは、どんどん「自由に」創作していくことができるようになります。

作品制作、創作表現は、正解のない世界。

既存の価値観や他人の評価に拠る必要はありません。上手につくるスキルを教えるのでもありません。

子どもたちが「自由に」創作できる環境を整えておけば、感性、自主性や意欲、他人を尊重する心、創造力は自然に引き出されていくのです。

その環境をつくるための重要なポイントのひとつが、「**大人が子どもと対等であること**」です。

これは、子どもが年長者としての大人を敬《うやま》わなくてよいといった話ではなく、ひとりの表現者として対等であるという意識でいることです。

普段私たちは、小学1年生から中学3年生までの30名ほどの子どもたちとスタッフ数名で創作ワークショップを開催しています。

通常、異学年の子どもたちがこれだけ集まると、「3年生だから」「6年生だから」「下の子の面倒をみなければ」というような意識が生まれます。

それ自体は、教育的にも意義がある集団のダイナミクスと言えるのですが、創作ワークショップの時間にはそれが生まれないのです。

大人たちでさえも、心から子どもたちの作品とともに存在する、共感者でありつづけた。その日の振り返りをしているとき、スタッフのひとりが気づき、みなが納得しました。あれだけの年齢差のある集団であったのに、いい意味で「全員がフラット」だった、と。「6年生だから上手」「1年生だからうまくできない」といった差を感じることなく、子どもたちはお互いの作品を認めあっていました。

そして、大人のスタッフも子どもの作品から自らの制作のヒントを得たり、子どもからアドバイスを受けたりといったことが自然に起こっていたのです。

正解のないアートの世界だからこそ、「上手にしなければ」という外側からの理想や、

「こうであるべき」というような社会的な束縛などから解き放たれ、全員がひとりのアーティストとして対等な空間が生まれたのだと感じました。

その日、子どもたちがそれぞれの作品を掲げて撮影した集合写真には、デザインの世界でプロとして活躍されている方からも、「子どもたちの表情からすばらしさがわかる。全員がデザイナーになった」と反響がありました。

生み出された作品は、子どもたちの内面が目に見えるかたちとなったものです。それは一人ひとりのいまが凝縮された、その人そのものです。こころが、ひとつひとつ唯一で世界一であるのと同じで、それぞれの作品も唯一で世界一のもの。

そして、その人のこころ（＝作品）を見て、自分のこころが何を感じたかを表現しあっていくことが、コミュニケーション（＝鑑賞）です。

1時間の創作タイム中、全員が、全員のこころを認めあう。そのままの自分であることを、肯定しつづけられる時間。そのことが子どもたちにとって、どれほど重要な意味をもつのか。

本当に「自由」な表現を許されたときにこそ、子どもたちは真の自分を解放して、力を発揮し、自信を得るのです。

自由な創作の過程にある「自分との対話」「没頭」

創作活動に没頭している間、子どもたちの中でいったい何が起きているのでしょう。

それは「自分との対話」です。

「対話」というと、人と人の間に存在するもの、と考えることが多いかもしれません。

しかし実際には、内なる自分と対話することのほうが多いのが、人間という生きものです。

制作中の子どもたちは、「もっとこうしたい」という内なる欲求を確かに感じとり、自分自身と向きあいはじめます。

「誰かのために」ではない、「自分のための」制作の時間。

それが「上手であるか」どうかではなく、表現する過程そのものに夢中になっているのです。

それが「何なのか」を知りたくて制作しているときもありますし、創作中のハプニングから発想を転換し、うまく作品に昇華することもあります。

人に言われてやる何かではなく、そもそも正解のない世界で、自分自身の正解を探しつづける。

「人生は旅のようだ」と昔の人は言いましたが、創作の時間はそれに似ています。

自分との対話を重ねる旅をとおして、社会に出たときの確固たる自分、この先の人生を有意義なものにしていく力を育てている。

人が自分で主体的に生きていると感じるためには、他者からの承認のうえに、自分が判断している、自分が決めている、という実感をもつことが必要です。

大人にとっても、幸せの軸はそこにあるはずです。

幼児期にその実感を得られるのは、夢中になってあそんでいるときです。熱中すると時間を忘れて没頭する、その感覚をもてているかどうかを、大切にしてあげてください。

子どもたち自身の中に、学びたいことは存在しています。

それに向かって、自分で内容をデザインできる、それが「創作活動というあそび＝主体的な学び」なのです。

花まる学習会の４、５歳向けコースでは、同じテーマに沿って制作、実験する時間があります。新しい知識や発見や驚きを、感動とともに仲間と分かちあい、それぞれが「思考と想像の体験」に没頭します。そのとき、作品の出来不出来を評価することはありません。

なぜなら「対話」する過程そのものに、重きを置いているからです。自分なりの感じ方・考え方などを築き、他者との違いを、豊かさと感じながら生きられるようになる。

そのことが、一人ひとりのアイデンティティをかたちづくっていくのです。

自分らしさはどうやったら生まれるのか
―まねをしてもよい、と言いきることの意味―

「自分らしさ」を表現してほしい、と願わない親はいません。それ故に、「人と違う、唯一のオリジナリティ」という幻想を、作品に期待してしまう。

「こうあってほしい」という願いは、ときに子どもたちをがんじがらめにします。

創作を始める前に必ず確認する「ＡＲＴのとびら　きはん」の時間。

私が、「まねっこするのも大歓迎」と伝えると、ホッとした顔をする子どもたちが、毎回います。

第１章でも述べましたが、子どもはまねて学ぶ生きものです。

「まねをしたって、いいんだよ。絶対に同じものなんてできないし、それぞれが唯一で世界一の作品になるんだよ」

「自分らしさはどうやったって消えないし、それは、何かによって奪われるべきものではないのだよ。あなたらしさを信頼して」

美術大学の学生たちや、クリエイター畑の方から、「まねっこするのは大歓迎」というきはんに、（よい意味で）衝撃を受けたという感想をよく言われます。「もっと幼いころに、こう言いきってほしかった」と。

自由に、自分らしい表現を突き詰めたいからこそ、その道を選んだ人たち、そしてオリジナリティを常に求められる世界に身を置く人々であっても、人類が脈々と受け継いできた文化や慣習の中で生きているだけで、さまざまな影響を受けてきているものです。

「学ぶ」とは「まねぶ」が語源ですし、型があるから「型破り」ができます。

「すべての創造は、模倣からはじまる」という言葉がありますが、私たちは、ありとあらゆる情報を吸収して、日々学んでいく生きものなのです。

教室で子どもたちに、「まねをしてもよい」と言いきることの意味。

それは、**まねをしたらいけないというような呪縛は、この時期には必要がないからです。**

そして、あなた自身のフィルターをとおしてみた世界観というものは、ぜったいに失われることのないものなのだと知ってほしいからです。

2

くじけない

うまくいかなくてもくじけない。
困ったときはいつでも質問しよう。
困っている仲間がいたら助けてあげよう。

Point

「うまくいかない」と「葛藤する経験」は、
柔軟に発想を転換し、工夫する創造力を、
「失敗は失敗じゃない、別の何かが生まれる瞬間だ」と知る体験を、
子どもたちに与えることができるのです。
そのためには、責任をもって最後まで経験させること。

完璧を求めるのではなく、
楽しんでやる背中を見せてあげること。
そんな大人の態度によって、自らを信頼するということの意味を
子どもたちに伝えてあげることができるはずです。

現場でのハプニング！

「Atelier for KIDs」の現場では、スタッフも子どもも予想していなかったさまざまなハプニングが起こります。実際にどんなことがあり、その後どう対応したのかを見ていきましょう。

たとえば、絵の具を少しずつしぼり出して使おうと思っていたはずの6年生の女の子。力の加減を間違ったのか、青い絵の具が突然たくさん飛び散って、手を汚してしまいます。「しまった！」という表情。それを見た私はすぐに笑いかけます。

「うまくいかなくてもくじけない」を知っている子どもたちはみんな、「ダメだよ」や、「あーあ」というようなネガティブな言葉を言いません。

彼女はニコッと笑ったあと、おもむろに、手に飛び散った絵の具はそのままパレット代わりにして、筆を進めました。

おもしろかったのは、向かいにいた3年生の男の子。そのあとすぐに赤い絵の具が飛び散ったのですが、彼はにやりと笑ったあと、机に飛び散った絵の具をそのまま使うことに決めて、創作を続けていきました。

別の日。線対称の美しい切り紙の模様をつくり出そうとしていたはずが、折り紙がすべてバラバラに切り刻まれてしまったことに気がついた男の子。ハッとする彼に、「それはそれで美しいね」とひと言声をかけると、「本当だね」と隣にいた女の子が賛同します。「これはこの中に入れて、こうやって使うの！」と、いいアイデアが思いついたらしく、私に嬉々として教えてくれます。

そう、ハプニングは、失敗ではないのです。予想外の展開が生まれるいい機会。落ち込むのではなく、「じゃあどうする？」と気持ちを切り替えられる人のほうが、何倍も人生を楽しむことができると思いませんか？

「ＡＲＴのとびら　きはん」を導入してもらっている小学校の「アートの時間」でも、最初のころは、「先生、失敗しちゃった」「これは、間違い？」と正解かどうかだけを聞いてくる子どもたちは多かったそうですが、数か月後には、図工の時間の作品制作自体も、「より子どもたちらしい、個性が表れた作品」をのびのびと制作するように変化したそうです。

「うまくいかない」と葛藤する経験

自由を担保された、正解のない創作の世界でも、もちろん、葛藤はあります。

それは、子どもたちが内なる自分自身との対話をとおして、思い描くイメージを表現する過程で自然に生まれるものです。

経験値がある分、大人はとかく「そうしたらきっと失敗する／うまくいかない」と、未来への予想がついてしまいます。

「(きっと汚れるから) ダメ」

「(たぶんひっくり返すから) やめて」

「(おそらくひとりでは時間がかかるから) それ貸しなさい」

普段の生活でそれが当たり前になっていると、いざあそびや創作の空間でも、ついいつもの調子で、子どもたちの体験や主体性を奪ってしまうのです。

彼らの「葛藤」や「あ！　しまった！」という表情は、この世で最も尊い瞬間。

そんなとき、私はいつも笑います。

「それもおもしろい。そこからどうしようか？」

「いいよ、試してごらん」

自由とは、責任が伴うものです。

最後まで経験させてあげること。大人が手を出しすぎないことによって、子どもたちの葛藤から生まれる、柔軟に発想して工夫する創造力を、**失敗は失敗じゃない、別の何かが生まれる瞬間**だと知る体験を、子どもたちに与えることができるのです。

昔の人は言いました。「かわいい子には旅をさせよ」と。

日常は彼らにとって、小さな〝旅〟の連続です。

大人のほうも葛藤しながら、子どもたちにはたくさんの〝旅〟を経験させてあげたいものです。

「教えあう」ことで伸びる

子どもたち同士で、教えあう、助けあうことを、とても大切にしています。

教えあうこと、誰かに考えを説明する体験は、教える側の力を伸ばすからです。

また、ワークショップの冒頭では、大人である私から、新しい技術や、作品の説明、道具の使い方などを「一方的に教える」ということはしません。

「どう思う？」

「なぜ、こんなふうになると思う？」

「どうやったらできると思う？」

……と、子どもたちとともに、話しあいながら考える姿勢を大事にしています。

創作中も、誰かがいままでにないオリジナルなアイデアを思いつきます。

「こんなふうにしてみたよ！」

教えてくれたその子の発見は、その場で、みんなと共有します。

それを私たちは、「感性の共有」「知の共有」と呼んでいます。

何かいいことを見つけたら、それは皆に知らせればいい。そうすると、みんなでもっと高みに行けるよ。それが切磋琢磨するということ。

ひとりだけでゴールに行くような競争ではなく、皆が幸せになるようにという視点でいつもいること。

誰かに渡した、幸せや喜びは、みんなで共有することで、もっと大きくなるものなのです。そしてそれは、いつか自分にも返ってくる。

このような考え方は、人は自分ひとりで生きているのではないし、社会全体、地球全体のことを、よりよくなるようにと意識する視点を育てることにもつながるのです。

あるワークショップで紙に針金を入れて、立体的になるように仕上げていたときのことです。

「どこをどう切ったら、うまく立体的になっていくのか」

が心配で、つい何度も確認する子もいる中、大胆にも二度「ばらばら事件」を発生させたのち、

「おかしい！　どうしてもこうなっちゃう！」

と笑顔で質問する男の子がいました。

「すごいなあ！　その切ってしまったほうの紙が、何かに使えそうだよ！」

と私が答えると、彼は実際にその「おもしろく切れた紙」を使って、二度とつくれないような独創的な作品を仕上げたのです。

彼の「失敗を物ともしないあり方」は、ほかの子どもたちの「間違って切っちゃったらどうしよう」という不安を払拭しました。

「いいんだ、失敗は失敗じゃないんだ、新しい作品が出来上がるきっかけになるだけなんだ」

そんな新たな視点、価値観を共有することができたからです。

これこそが、集団の力。仲間とともに創作することで生まれる、魔法みたいな力なのです。

彼らは本能的に競いあい、認めあって成長します。そして、大人からではなく、同じ子どもから認められることに格別の喜びを感じるものです。

子どもが子どもに何かを言うとき、そこには大人が無意識にしてしまう「気遣い」や「配慮」はありません。

だからこそ、子ども社会の中で認められた経験は大きな自信につながるのです。

子どもたち同士で教えあう、助けあう経験を積めているかどうか、いま一度見直してみたらよいかもしれません。

楽しさを見つけ出す力

どんなときも、目の前で起こっている出来事を楽しめる人って、魅力的です。

そして、どんな状況でも、必ず自分を楽しませるものがあります。一見ネガティブに見える出来事の中にも、それを見つけられるかどうかで、人生の質は変わってくるものです。

楽しさを、いつも見つけ出せる力とでもいいましょうか。

それは、常識にとらわれない、既存のものを超えた新しいカタチや価値観を生み出す力。

大人になって、たとえば仕事や子育てをする中でも、自分にとって「楽しい」と思えるようにマインドセットができるようになると、どんな状況や仕事でも楽しめるということ。

そのためには、完璧を求めすぎないで、プロセス全部を楽しんでやって見せてあげる大人の姿が不可欠です。

私たち大人は、子どもたちの前で、いつも楽しむ後ろ姿を見せてあげられているだろうか。

大切なことは、子どもたちの目の前に立つ大人こそが、自ら積極的に学ぼうとしているかどうか。

子どもたちは、その人が人生を楽しんでいるかどうかを、すぐに見抜きます。

多様な考え方に触れ、いつも前向きに成長しつづけようとする人についていきたいと願うのが子どもという生きものなのです。

Ground rules

3

時間が来たら、おしまい

時間が来たら、おしまいです。
何事も終わりはあります。
いったんひとくぎり、頭とこころが切り替えられる人は
たくさんのものを生み出す人です。
(ただしおうちでつくるときは、とことんこころゆくまでやりきってね)

Point

人生は有限であり、何事にも終わりはあります。
終わりはあるとわかっているからこそ、
時間を無駄にせずやり抜きたいという自覚が芽生えます。
「早くしなさい」でも「もうおしまいだから」でもなく、
「有限な時間の中でベストを尽くす、時間に振り回されない自分」というものを獲得することができるはずなのです。
有限な時間をどうやって濃密に使うのかは、
自らの意思によってデザインすることができるものなのです。

自分で決める力

「人生には、終わりがあります。今日のこの時間も、おしまいのときは来ます。さあ、ここまでしかない。というときに、全力を出しきったと言える自分でいたいね。あとこれだけの時間で、完成までもっていきたい、といつも考えられるといいね。いったんひとくぎり、頭とこころを切り替えることができる人は、たくさんのものを生み出す人です」

小学1年生から中学生までが同じ空間にいるとき、どの年代の子どもたちにも絶対に届くように、真理を話すことを心掛けています。

子どもたちは、それが本質的であるかどうかだけを見抜いている生きものだからです。

たとえ誰かが決めた時間に従って何かをしなくてはいけないときでも、「頭とこころを切り替え」て、自分の人生を自分でつくっているという感覚をもてていると、自分の気持ちに正直に生きることができます。

そのことがもたらす自信、充実感。

「早くしなさい」でも「もうおしまいだから」でもなく、自分が大切だと信じた哲学を軸

に、「自分で終わりだと決めたんだ」という納得を、いつもしていけるかどうか。

そのことを子どもたちに伝えたいのです。

制作で自分を出しきった子どもたちは、すっきりした表情で、片付けを一心にしてくれます。

気づいたことを共有しあう、スタッフとの振り返りミーティングでは、「なぜ全員がこんなに片付けを一生懸命できるのか」という意見があがりました。

そして、「きっと思う存分に自分を表現しきったあとだからではないだろうか」という結論にいきつきました。まるでこの空間自体に、ありがとうの気持ちをもって、片付けをしてくれるかのようなのです（31ページの写真参照）。

有限な時間の中でベストを尽くす

静かに没頭していた子が、突然顔をあげ振り返り、後方の時計をじっとにらみます。眉間にしわを寄せ考えたあと、私と目が合いました。

「大丈夫、30分までだから、あと40分以上もあるよ」と小声で伝えると、ホッとした彼は何も言わず、また自分との対話へと戻っていきました。

しばらく通っている子には、「いつも時間を意識しよう」という「きはん」が、どうやら体に染みついていくようです。

ある男の子は、自分の作品が完成すると、残りの時間をチェックし、「あとひとつつくる」または、「もうぼくは次の作品はつくらない」と言いきります。

自分で気持ちよく終えられるタイミングを見定めているのです。

またある子は、私たち大人のところへやってきて、「先生、もう（そろそろ）おしまいですよ」と教えてくれるようになりました。

いまの自分がもっている、ぎりぎりの力を出しきって超えられる（かもしれない）、という目標設定が、最も人を成長させます。

よき教育者はその見立ての大切さを知っていますし、アスリートは身体感覚として身につけているでしょう。

ルールや枠組みのある中での自由、と同じように、制限がある中でこそ、いかに完成度を高めたものを密度濃く仕上げていくのか、その覚悟のうえにある編集力、とでもいうべき力が問われてきます。

その対極をなすのが「明日でもいい」「残業すればいい」「期限に遅れてもいい」的思考です。

社会人として働く現場では、このような意識の人とは、信頼してともに仕事をしたいとは思えません。

終わりの時間も気にせず夢中になって創作する子どもたちにも、耳元でこの言葉をささやくと、まるで魔法のように「そうだった」と頭とこころのスイッチを切り替えることができるようになってきました。

終わりがあるとわかっているからこそ、時間を無駄にせずにやりぬきたいという自覚も芽生えます。

締め切りという期限つきの中で、ベストを尽くして、誰かの笑顔のために、意味のある仕事ができる。子育ても含めて、いまはいましかなくて、そもそも人生は有限なのです。**自分自身の成長を発見して生きていくのは、人間として根源的な喜びです。そこにフォーカスして毎日を過ごしていけたら、それだけで幸福度は高まるでしょう。**

他人との比較ではなく、自分の成長は毎日喜べますから。

ちなみに私の児童期、母はダイエットとマラソン、父は趣味のアマチュア無線に燃えており、話題はいつもいかに自分の記録が伸びたか、ということでした。

限りある時間を使って自分を楽しませることのできる大人の後ろ姿から、「人生とは、自分の好きなことをとことん楽しまなくっちゃ」という意志のようなものを、きっと私は知らぬうちに学んでいたように思います。

「じかんがきたら、おしまいです。」

このきはんは、働くお母さんたちの共感を呼びました。きっと最もマルチタスクが要求される人生のステージにいるからこそ、その重要性を身に染みて感じているのでしょう。

子どもたちの哲学のタネとなり、そのこころに根付き育っていきますように。そんな願いを込めて、毎回「ＡＲＴ のとびら　きはん」を子どもたちに伝えています。

Ground rules

番外編

作品を鑑賞するときは

作品は、自分の分身。大切に扱われるべきものです。作っているときに起きた予想外のハプニングも、作者だけが知っているこだわりのポイントも、作品の一部です。自分の作品と同じように、仲間の作品のどこがどんなふうに好きなのかを語ることも、鑑賞です。

Point

ギャラリートーク（対話型鑑賞会）をとおして、
作品それぞれが唯一で世界一であること、
つまり多様性を自然と認めるこころが育ちます。
それは、子どもの思考を豊かにするだけでなく、
社会を生きるうえで大切なマインドを育てることでもあります。
その方法は、互いに感じたことを言葉にしていくこと。それだけです。
ただ「きれい」ではなくて「どうきれい」なのか、「それは何なのか」ではなく、「どんなふうに感じるのか」を言葉にすることで、感性がどんどん掘り起こされていく。
感じたことを伝えあうだけで、子どもたちは認めてもらえたと感じるのです。

何かができたときには「見ていてほしい」

教室では、私たちがその役割を担っていますが、「何かができたときには見ていてほしい」というのは、子どもの本質です。

「見てもらいたい」

「聞いてもらいたい」

「ほめてもらいたい」

「共感してほしい」……。

子どもたちが自分で、自分の作品について説明をしだすときは、聞いてもらいたい、見てほしいという強い思いからです。

隣の子の制作を、私が言葉にしていると、子どもたちは横目で必ず確認しています。

それから、自分のも見てほしいと要求するのです。

見てもらえることで、すでに満足の気持ち。

それまで言葉を発さず無表情だった子でも、その瞬間安堵の表情を浮かべます。そして安心して次に向かいます。より自信をもって。

自分の分身である作品を言語化し、共感してもらえることは、彼ら自身への承認と同じなのです。そこからくる満足、達成感、喜び。さらなる表現の追求。その繰り返しです。


「見て！」と言う子どもたちの欲求は、いつもあるものです。

しかし、ご家庭でその全部にひとつひとつ応えることは難しいのではないでしょうか。

そんなときは目だけで「見ているよ、びっくりだね！」という表情を送るだけでも十分です。


大切なのは、「いま」という勘所を押さえること。

何かできたときには見ていてほしい生きものなのだという本質を知っておくだけで、子どもたちの認めてほしい気持ちを逃さずにいられるはずです。

感性の共有
―人の意見も作品も、違っていてすばらしい―

制作後は、作品を展示会のように並べ、仲間の作品を見て感じたことを、言葉にして伝えあう時間が生まれます。

自分の作品について伝えたい思いがある場合は発表し、子どもたちはその表現にも耳を傾けあいます。

同じ表現者として、相手の作品を尊重し認めあう。

作品に良し悪しはなく、すべての制作物に、子どもたちは敬意を払うようになります。「相手の思いや表現を尊重する」ことを学び、多様性を認めるこころが自然と育まれていくのです。

以前、ある創作ワークショップで、出来上がった作品を見たお母さんが「これ、モビールじゃないですよね」という感想を述べられました。確かにその日の制作テーマは「モビール」。わが子の作品が、お母さんにとってのいわゆるモビールのイメージから、かけ離れていたのでしょう。軽い気持ちで発したであろうその感想を聞いた子どもの気持ちになると、悲しいなと思いました。

作文やほかの表現活動すべてに通じることですが、大人の何気ないひと言によって、がんばったことを誇らしく思っていた子どもたちの大切な人に見てほしい、聞いてほしい、認めてほしい気持ちが、あっという間にぺちゃんこになる場面を何度も見てきました。

そこで、私は子どもたちの創作活動中に、カメラを片手に指導するようになりました。単純に、彼らの熱中する姿がとても美しいと思ったからですが、制作中に起こる予想外のハプニングや、私の想像をはるかに超えた子どもたちの創造の飛躍も含めて、すべてがアートの現場であり、作品であることがこの場にいないおうちの方にも、少しでも伝わるようにと願ったからです。

そして、子どもたちにとっても、どう見せて撮ってもらうか考え、「ポイントはここだよ」と私に伝える機会になり、「カメラに収めてもらうこと＝私との小さな鑑賞会」となっていきました。出来上がった作品（結果）だけでなく、創作の過程そのものが表現活動であり、アートなのです。

いまでは、制作後の作品をどの子も誇らしげに掲げながら、子どもたち自身の言葉で、仲間に向けてアーティストトークを繰り広げる時間をわざわざ設けるようにしています。

作品に込められた思いや、作者にしか知りえない制作秘話。

それらを嬉々として説明する彼ら。

「表現すること」とは、「情熱」のなせる業なのだな、生きていることの証であるのだ、とはっきりと確信しました。子どもたちにとって、鑑賞することは容易なことであり、どの子も自分が何を感じたかを伝えたいという思いをもっているのだと（たとえそれが、言葉をうまく操るという術をまだもたない子どもたちであっても同じです）。

どうか、子どもたちの分身である作品を、ただ喜びとともに鑑賞してあげてください。それは、子どもたち自身を丸ごとすべて認めてあげる、ということになるからです。

どんな子も主体的に伝えようとする

30人以上の子どもたちが集まる創作ワークショップを開催するにあたって、保護者と子どもたちがともに鑑賞する「コミュニケーションタイム」というものを設けました。

それは、これまでも創作を終えた子どもたちが、お迎えに来た家族に作品を意気揚々と見せて話す様子を見て、そこに大切な何かがあると直感していたからでした。

そして、その直感は正しかったと確信しています。

「どうしたい？」と自分に向きあい、創作しきった子どもたちは、普段はそういうことをするタイプではないような子も、熱心に「主体的なコミュニケーション」をとろうとします。

制作に没頭しているときに次々と湧いてきた、おもしろいアイデアや発見、自分なりに工夫した点など、その場にいた先生や仲間には伝えなかったことも、「家族には言いたい！」という気持ちがあふれ出るのです。

「ここはこんなふうに結んで……」

「ここで色替えをして……」

興奮気味に説明する子もいれば、そっとある部分をめくって見せては、「まあるく切ったんだね」「この紙、いいね」というコメントをもらってはにかむ子、言葉にはならないけれどドヤ顔で、ある一か所を指さして見せる1年生……。

それぞれが、自分の頭の中にあるものを、それぞれの方法でプレゼンしている。「やりなさい」と言われなくても積極的に。

コミュニケーションタイムは、いまでは「Atelier for KIDs」の大切な時間となっています。自然発生的に生まれる主体的なプレゼンから、家族での鑑賞会が始まっていくのです。

創作をとおして、自分の中から生み出した作品は、当たり前ですが誰かに説明したいに決まっています。

聞いてほしい、見てほしい。

だってそれは子ども自身のいまが表現されたものだもの！

それを大切な人から認めてもらえるこの時間は、彼らにとってかけがえのないものです。

コラム

創作を必要としている子どもたちがいるという事実

繊細で敏感な子どもたち

初めて「Atelier for KIDs」に参加したある小学1年生の男の子は、「楽しかった、また行きたい」「ぼくはね、つくりたいんだ。またあそこでつくりたいんだよ」とお母さんに訴えました。

彼の口から「つくりたい」という言葉が出たことに、お母さんはびっくりしたそうです。

小学校での図工の時間、その子は紙粘土を前にして、いつまでもとりかかれずに泣いていたそうです。運動会の絵を描くときも、玉入れの絵を描きたかったけれど、真っ白な画用紙を前にして、やはり泣いていたのだそうです。

ただ、朝顔の葉の観察は色使いもきれいに描いていたことを見ていたお母さんは、「本人は図工に苦手意識があるようだ。でももしかしたら、色を使うワークショップだったら、楽しくできるのではないだろうか」と、思い切って参加してくれました。

初めての空間で、まわりの雰囲気を全身で感じつづけていたのでしょう。

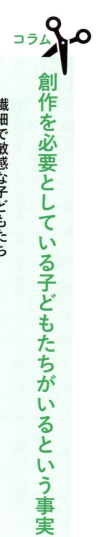

創作の時間が始まり、絵の具を前にして筆を手に持ち、それでも、彼はただじっと、仲間の様子を観察していました。

想像していたよりもずっと長い時間が過ぎました。

ほかの子たちはすでに自分の世界に没頭しています。

私はそっと彼の後ろに回り、彼の手を持ち、すでに彼の手によって出されていた絵の具に、筆をそっと近づけました。いっしょに筆につけた絵の具を、そっと塗って見せると、彼の意識が急に集中することを感じました。

それまで身体じゅうで感じとっていた、この空間の「自由にやっていいのだ」ということの意味。「誰もが思うようにやって、感じたことを話し、それらはすべて同じように尊いものとして受け止められるものなのだ」という事実。

それらが一瞬にして、彼の腑に落ちた瞬間でした。

「他者に求められるもの」に敏感で、繊細な子どもたちにとっては、図工の時間という、評価や正解を求められる場では、自らを表現するために思い描くイメージや、こうやりたいという思いがあったとしても、どちらを優先したらいいのかわからなくなってしまう、ということはよくあります。

「本当に、自由にしていいの!?」と目を輝かせて狂喜乱舞することで、その喜びを表現する子もいれば、彼のように、こころから安堵のためいきとともに、身体じゅうで、それまで彼を縛っていた何かから解かれる子もいるのです。

成熟した部分をもつ子どもたち

精神的に成熟した部分をもつ子たちにとって、ときにそのアンバランスさから、エネルギーをもて余すことはあります。

「同じであること」を求められる場では特に、もっと知的好奇心を満たしてくれる何かを常に欲しがっている子にとっては、自分を抑えこまなければいけない、我慢しなければならないことにも直面します。

その苦しいほどの憤りともいうべき、感情の塊のようなものを、まだ幼い彼らがコントロールするのは容易ではありません。

感じやすい子は、すねたり怒ったり、感情を爆発させて泣くことで浄化することもあるでしょう。

大人のように言葉をうまく操り、自分の未分化な感情を表現したり整理するすべをもたない彼らにとって、言葉を使わずに表現する手段をもつことは、実はとても有効です。

一緒に何かをつくることをとおして、子どもたちは疑似的にこころの葛藤を体現していけるからです。

書いたり、つくったりすることは、言葉という手段を使わずとも、彼らの内面を表現することを手助けし、確実に何かを浄化していきます。

表現することは、内なる自分との対話だからです。

娘がうまく自分をコントロールできないことを悩んでいたお母さんは、「Atelier for KIDs」に参加したあと彼女の描いた絵日記を見せてくれました。

そこには、彼女がその日クラスで制作した作品の絵とともに、「どんなものができるかかんがえてなかったです。ただたのしみました」と書かれていました。

「どうしたいのか？」を見失っている子どもたち

「『ママ、次は何をしたらいいの？』って聞かれたんです。私もうびっくりして。『え？　積み木ででも遊んだら？』って言ったんですけどね……」

学級閉鎖で急にお休みになった日。小学1年生のAちゃんは本当に困った顔をしてお母さんに尋ねたのだそうです。

お母さんは気づきました。

「あの子、いままで全部決められたことを、ただやっていたんだ」って。

＊

「先生、それで次どうしたらいいの？」

本当に困った、私わからないよ、といった表情です。

その場にいる子どもたちは全員、怪訝《けげん》な顔をして、「何を言っているんだろうね」と目で私に話しかけます。

初めて創作に来たBちゃんは、なぜまわりのみんながその質問をしないのかということさえも気がつきません。

「次にどうしたい？　それは先生にはわからないよ。あなたはどうしたいの？」と笑って聞き返します。

ハッとする目。

＊

「見て、ここをね、こうやってみた」

「見て、先生、こんなかたちになった」

「先生、見て……」

5月に初めてクラスに来たCちゃんは、「何をしたらいいか」を聞くわけではなく、「こんなふうにできた」ことをすべて私に伝えなければ気が済まないようでした。

「なるほど、ここを工夫したんだね」

「ここはこんなふうにも見えるね、いいアイデアだね」

仲間に見せて感性の共有をすると、承認を得られたことが誇らしいのか、「みんなにも見せなくちゃ」と仲間のもとに戻っては数分おきにまた私のもとへやってきます。

こんなことは珍しいのです。

特に、もともとつくることそのものが大好きで、どちらかというと自分の世界に没頭する子が多い「Atelier for KIDs」で、彼女の言動はとても目立っていました。

どこか切実さをもって何度も何度も作品を見せに来る彼女の要求を、全部受け止めてみよう、と二回目に会ったとき、私は決めました。

そして夏が来るころ、彼女はもう、いちいち何かを見せに来ることはなくなりました。

そのことが、Cちゃんの内面にどのような変化をもたらしていたのか、私はずっと考えていました。

その年の最後のクラスを終えた日。

「以前は、何をするにも自信がないというか、なんでも確認していたんです。よく考えたら、いつもスケジュールに追われている毎日で。でも『自由に』やっていいって、りん先生が言ってたから！って言って……」

と彼女の成長をお母さんがうれしそうに話してくださいました。

彼女は、「小さいりん先生がここにいたの」と自分の肩の上を指さしたそうです。

彼女は、ただ自分自身を取り戻したのです。

「自分をありのままに表現してもいい」と、納得するまで確認しきった彼女は、ようやく自分の中にある軸を取り戻し、自分自身を信じられるようになっただけなのです。

誰かのための何かをもう探す必要も、聞く必要もないのです。これでいいのかどうかは、もう自分でわかるのです。

彼女は、本当の意味で「自由」を知ったのだ、「自分の人生」を生きはじめたのだ、と私は思いました。

Aちゃん親子に出会ったのはもう10年も前のことです。

ちょうど「Atelier for KIDs」を始めていた私は、子どもたちの、〝同じような発言〟に気がつくようになりました。

ただ自分のしたいことに没頭し、熱中して楽しみ、感性を豊かに働かせてあそぶ経験を十全にできたかどうかは、きっとその人の人生を大きく決めるほどの大切なものなのだと、いまでは確信しています。

教育も子育ても、教える側の感性がモノをいう世界だからです。

自分の人生を生きる。そのことほど大切なことはないでしょう。

それができれば、幸せを自分で決められるからです。

学習会

第3章

大人のための「6つのやくそく」

私たちが「Atelier for KIDs」の現場で子どもたちとともにあるとき、
大切にしていることがあります。
それは、とても簡単で、
意識すればどんな大人にもできるはずの６つの指針です。
子どもが絵を描いているとき、
何かに夢中になっているとき、
この６つのやくそくを思い出してみてください。

大人のための「6つのやくそく」

1　できる限り手を出さない

2　作業に没頭しているときは声をかけない：
質問や依頼があったらお手伝いをする

3　上手だね、を使わず認める：
あなたがどう感じたか、を言葉にしていく

4　これは何？と言わない：
表現された何かが、具体物である必要はない

5　自分の価値観を押し付けない：
相手が一個の表現者であることを尊重する

6（あなた自身も）自分はどうしたいのか、に向き合い続けてください

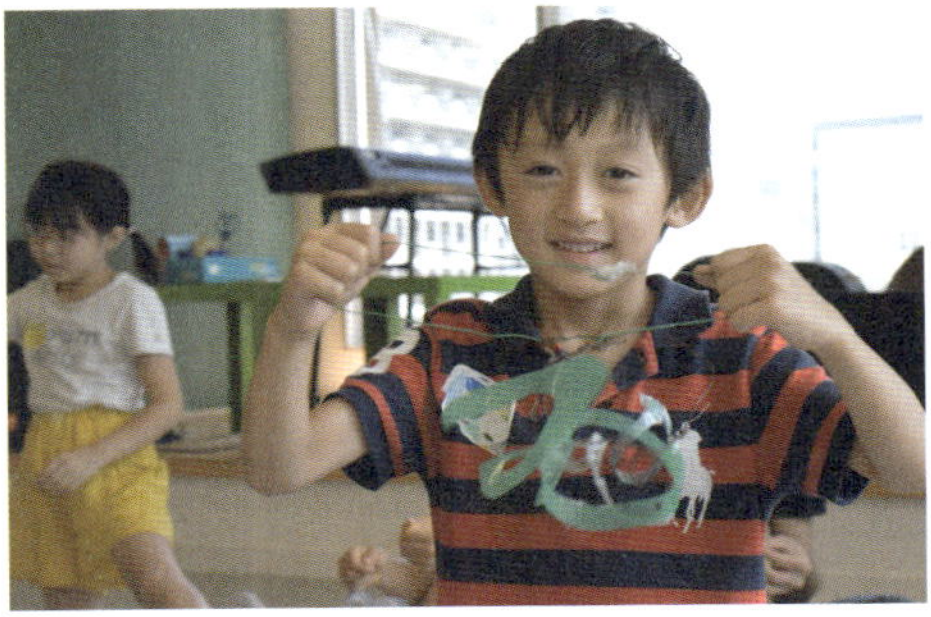

❶できる限り手を出さない

❷作業に没頭しているときは
声をかけない

∴質問や依頼があったらお手伝いをする

まずはじっくりと「観察する」

子どもたちが夢中になっているときは、そっとしておいてあげてください。自分で何かをつくり出そうとしているとき、子どもたちは、とてつもない集中力を発揮しています。

そして彼らをよく見ていると、それぞれのこころの内は大きく違っていることに気がつきます。

同じようにただじっとしているように見えても、考えていること、感じていること、見ているところ、やりたいと思っていること……百人百様なのです。

よく見る、つまり「観察する」ということ。

「何かを求めているのか」
「何が閃《ひらめ》いているのか」
「何かを言おうとしているのか」
「新しいアイデアをふくらませているのか」
「仲間の作品からインスピレーションを得ているのか」

その目線、こまかい表情の動きを、まずはじっくりと見てみるのです。

目の前にいるこの子は、いったいいま何を考えているのだろうか。

その鼓動、息遣い、こころの躍動、心細さと大胆さ、繊細でみずみずしい感受性、そして自由な気持ち。

それらを理解するための手がかりは、大人になった私たちの中にある「子どものこころ」にあります。

私たちは、「子どもだった自分」を思い出す引き出しを、いつも用意しておかなければなりません。

必要なときに、さっとその引き出しを開け、目の前にいる子どもと「かつては子どもだった自分」を重ね合わせます。そのうえで、観察するのです。

大人が子どもに働きかけてよりよく……などと考える前に、不用意な大人の声かけで、彼らの精神活動を妨げないことが大切です。

主体は子どもたち。

制作過程を含む作品は、彼らのもの。私たちは、対等な一表現者。観察者であり、共感者なのです。

「見守る」とは邪魔せず支えること

思いどおりにいかないときに、助けを求めるのか、自分で解決しようとするのか。そのどちらも間違いではありません。

時間内に終えられるのか。終えようという思いで取り組めるのか。

どんな状況でも楽しめるのか。仲間と助けあい、コミュニケーションをとろうとするのか。

子どもたちが創作活動をしているときや何かに没頭してあそんでいるとき、どの子も自分のこころと向きあい、頭で考え、手を動かして工夫する試行錯誤の楽しさで満ち満ちています。

子どもたちには、それぞれの成長過程でのハードルがあり、我々はそれぞれに応じて手助けをし、彼らのよい部分を引き出しながら「見守り」ます。

制作中には、思わぬハプニングや思いどおりにはいかない体験、こころ躍る発見がありますます。偶発的に起こるそれらの出来事や経過も含めて、それが作品です。

制作過程においての「見守る」。

それは彼らの、「何をすてきだと感じるのか」という問いを、自分自身に尋ねつづける経験を積み重ねてあげることであり、同時に、彼らの制作過程や夢中になって没頭している何かの「どこがすばらしいのか」を感じて言葉にすることです。

「見守る」とは、本人の生き方を邪魔せず支えること。真に相手のためになるように、愛することと同じです。

子どもを「見守る」ことができないときは、大人が自分自身のこころに「なぜなのか」を問うてみなければなりません。

「自分はしたかったけれどできなかった何か」に、こころが反応しているときがあるのかもしれないからです。

❸上手だね、を使わず認める

‥あなたがどう感じたか、を言葉にしていく

❹これは何？と言わない

‥表現された何かが、具体物である必要はない

「上手だね」「これは何？」を使わない

ある野外ワークショップにて、初めて絵の具を使った2歳の女の子がいました。

彼女は色彩の変化に感動し、色と色を混ぜることで別の色を作りだす実験を繰り返し、さらに絵の具のどろっとした質感を手で触り、五感全部を使うことに集中していました。

「この色も試したくなったんだね」

「すごいね、混ざるとこんな色になったね」

「次はどの色にする？」

私がそんな声かけをしながら見守っていると、お母さんはうれしそうに写真を撮りながら、こう声をかけました。

「ゆかちゃん、それは何なの？」

「何を描いているの？」

「ぞうさんなの？　うさぎさんなの？」

問いつづけるお母さんに、女の子はぽかんとした表情を浮かべます。彼女には「まるで海に光る夕日のように先生には見えるよ。美しいね」と伝え、私は、お母さんに「6つのやくそく」のお話をするために、大急ぎで立ちあがって駆け寄ったのでした。

大人は、「具体物を本物そっくりに」描いた「上手な」絵を求めがちですが、子どもはそんなことをめざして描いてはいません。

そのときにやってみたいように手を動かして、感じたままに描いていく。描く絵が具体物である必要はないのです。

作品は、探求や実験の結果であり、その瞬間のこころが赴くままに表現されたもの。

だけどもしもお母さんが、「それは何?」と問いかけつづけたとしたら、どうでしょう。おそらくその子のこころの中に、「何かである必要があるのだろうか?」という疑問が芽生え、お母さんを喜ばせたい生きものである子どもたちは、「お母さんが求める、何か上手なもの」を描かなくてはならない、という価値観に縛られていきます。

大人の考える「上手な」何か。

それは、子どもたちから、「自由な表現」を奪ってしまいかねない恐ろしい呪いのようなものになるかもしれないのです。

「作品を（その過程を含めて）おもしろがるこころ」で、「あなたのことを知りたいという気持ち」で、お母さん自身がどう感じたのか、それを言葉にしてあげてください。

まだ言葉を話さない子どもたちの場合は、「おもしろいね」「次はこうしたいんだね」と、制作の過程で起こっている出来事を、ただ言葉にして聞かせるだけでよいのです。

子どもたちは、大好きなお母さんに楽しさをわかってもらえたという、うれしい気持ちでいっぱいになるはずです。

「何か伝えたいことはありますか？」

お母さんから「私自身が、図工に苦手意識があって、上手に導けないので教室に連れてきました」「ほめ方や認め方を、私が学びたいです」と言われることは、よくあります。創作が大好きなわが子を見て、「上手だね」「それは何なの？」としか言えていなかった自分に、気がつくお母さんもいます。

そもそも表現活動にうまい下手はない。正解に向かうこと、「上手であること」を求めるのをやめると、自由に表現できるものなのですが、過去の経験のどこかで、お母さん自身が「本物そっくりに描かれた、上手な作品」でないといけないというような価値観に、苦しめられた記憶があるのかもしれません。

「何かであること」を求めるのをやめると、その質感や、手触り、色彩の魅力、形態のお

もしろさに目がいくはずです。

「上手だね」「何をつくったの？」の代わりに、

「何か伝えたいことはありますか？」

「ポイントは何ですか？」

「どんな工夫をしましたか？」

「これはどうやってつけたのですか？」

と、**まるでインタビューするような感じで架空のマイクを片手に聞いてあげてください。**

初めは「これは赤だよ」というように色のことしか言わなかった子でも、続けていると、

「このボタンを押すとね、ライオンが出てきて守ってくれるの」

とイメージを話してくれたり、

「先にここをくっつけてからやったほうがいいって気づいたよ」

と制作過程における秘密を語ってくれる子もいます。

制作のプロセスについて質問をしてあげることで、子どもたちは嬉々として主体的なプレゼンテーションをしてくれるはずです、それぞれのやり方で。

自分が「どう感じたのか」を伝える

子どもたちが生きている世界では、感覚そのものが成長のための栄養です。置かれた環境や、接する大人たちから放たれる言葉を、（特に7歳までは）何も判断せずすべて吸収していく。

経験し、感じたことすべてから学んでいるからこそ、「共感＝感性の共有」をたくさんする時期と言えるでしょう。

では、「感じるこころ＝感性」を育てることができる幼児期に、大人ができることとは何でしょうか？

そして、感性を育てることができるのは、子ども時代だけなのでしょうか？

「Atelier for KIDs」で子どもたちとかかわるスタッフたちは、クラスが始まる前、とても緊張しています（それはもちろん、これから始まる子どもたちとの創作の時間に、期待と興奮がいりまじった良い意味での緊張と言えます）。

全員が、子どもとかかわること以前に、自ら芸術の分野に身を置いている人ばかりです。にもかかわらず緊張をするのには、わけがあります。

教育の目的は、「人格形成＝こころの教育」であり、内なる可能性を引き出してあげることです。

それには、我々大人の感性が問われつづけます。

特に創作の現場では、制作物を見て、「上手だね」という安易な言葉を発することは、誰にでもできることです。

しかし「Atelier for KIDs」では、全身全霊で自分の感性のアンテナを使い、「私は、どう感じたか」ということを言葉にしつづけていくことが、私たち大人の使命だと位置づけているのです。

感じるこころを育てようと思ったときにいちばん大切なのは、かかわる我々大人の感性だからです。

そして、こころは言葉によって伝えられていくものです。

言葉がいつも先にあり、言葉に乗っかって伝わっていく大人のこころや人格が、子どもたちのこころをつくっていくのです。

自分の感動を子どもに伝えられること、素直に声に出すことができるように自分の感情を認め、こころを動かしていくことで、大人でも、自らの感性を磨きつづけることができる。

一度でもこの現場に身を置くと気がつき、怖くなります。

自分の感じるこころのアンテナだけがモノをいうこの時間、私は子どもたちの前に立ち、意味のある仕事ができるのだろうか、と。

大人が、自分自身と向きあい、深く対話を始める瞬間です。

このことが、この仕事の最も美しい部分だと思うのですが、感性は子どもとともにあるからこそ、より高めることができると感じています。

自分を信じ、より感受性を高め、よりクリエイティブに、いつでもおもしろがりながら、自分の内面を成長させ、学びをやめない。

正解のない世界で、芸術家のこころで。教育はアートであり、子育てもまたアートなのです。
あなたはいま、感じるこころを使っていますか？

⑤自分の価値観を押し付けない

‥相手が一個の表現者であることを尊重する

「それはダメ」と決めつけない

「えっ、それは……（いいの）!?」

「ちょっと待って、あ……（ダメ）！」

親子での創作ワークショップでのこと。お母さんから思わずもれた言葉です。

「こうでなくっちゃ」と考える大人と違って、子どもたちは「ああでもあるし、こうでもある」という視点を自然にもっている存在です。

「必ずしも答えはひとつではない」という見方をもっているかどうかは、子どものそばにいる大人にとって、とても大切な視点です。


「そうだね、それもいいアイデアだね」

「いいね、やってみてごらん！」

いつものように、子どもたちに答える私の言葉を、同じ空間で聞いていたお母さんたちから、驚きの言葉をたくさんもらいました。

＊

「隣で子どもが自由に、楽しそうに作品をつくっているのを見て、思わず『あ！』とか『えっ？？』とか言ってしまいそうになるのに、少し遠くのりん先生がそんな短い言葉がとっさに出るより早く、『いいね！』『そうだね！』とこころが前向きになるような、あるがままを受け入れる言葉をかけてくださっていて、子どもたちがどんどん前向きになる理由がよくわかりました。すごく楽しくて、たくさんほめてもらって、子どもに戻ったような最高の日でした！」（小学2年生女子のお母さん）

「失敗してもいい作品ができるって言ってくれたから、学校より楽しい。毎日つくりたい」（小学2年生Aちゃん）

「やってみると、予測がつかない、何ができるかわからない。こうじゃなきゃいけない、っていうのがなくて」（小学2年生男子のお母さん）

「思ったことを口にすると、先生が同調してくれるやりとりが、うれしくてとても心地よかったです」（小学2年生女子のお母さん）

＊

「そこでやめれば、きれいに仕上がるのに」というのは大人の感覚です。

「きれいな」色、というのは大人の勝手な価値観を押しつけているにすぎないのです。

大人は、知識や経験がある分、どうなるかがわかっている。

しかし、子どもたちにとっては未知の世界。

「こうしたらどうなるのだろう、もっとやってみたい」

その結果、作品としての見た目はぐちゃぐちゃかもしれません。それを見たお母さんたちは、苦笑い。

けれども、よく見てみてください。子どもたちの表情は満たされて、すっきりしているのです。


こころのままに手を動かし、その瞬間の素直な感情を表現することが妨げられない状態にある過程こそが、大切で守るべき体験です。

他人の意志ではなく、自分の意志で自分のこころを満たす、その経験に大きな価値があるのです。

その経験の有無こそが、大人になったときの彼らの生き方、哲学に大きく影響するはずです。

かかわる大人の何が問われるのか

創作をとおして、学びと主体性をはぐくむ現場には、一方的に教える先生、というのは必要ありません。これは、ご家庭でも同じです。

上手につくるスキルを教えるのではなく、創作という行為を通じて、子どもたちの感性を磨き、自主性や意欲、創造する力、表現力を引き出していく、大事な役割を担う、いわばファシリテーターのような役割の大人が必要なのです。

制作中は、〝純粋でひたむきな「意欲」を、大人の質問で遮らないこと〟が最も大切なことで、指導者側の感性が問われる点です。

どうしても困ったときは、共同制作者としてのスタンスで寄り添い考え、「どうしたいのか？」をとことん掘り下げ、ときに意見を戦わせます。

それが「相手を一表現者として尊重」し、「どう感じたかを言語化していく」過程です。

大事なことは、完成したものが上手かどうかという評価ではなく、その子が何を表現し、何を伝えたかったのかを、わかちあうこと。

子どもたちが大胆に、自由に表現できるようにするには、その場にいる大人が、多様性を受け入れる素地をもっていることが重要です。

彼らがやりたいことに、寛容であれるか。子どものようなこころで、柔軟に。促すのではなく、受け入れられるか。

そして、「飾らない一個の人間であること」は、私が子どもたちの前に立つとき、意識していることのひとつです。

ジャッジも評価もなく、「私はどう感じたか」という感性の共有をしつづけるためには、子どもたちを「一個の表現者」として尊重し、私自身が子どもたちと対等でフラットな関係でありつづけることが、何よりも大切なことであると思うからです。

「それ以上色を混ぜないで！」

「汚くなっちゃう」

「いちごって何色だったっけ？」

「それはぞうさんなの？」

「ちゃんと集中して」

「もう終わりなの？」


大人の都合や価値観によって、投げかけられるこれらの言葉。

作品を制作しているのは子どもであるということが、忘れられているのかもしれません。

創作は親を満足させるためにするものではありません。自分がやりたいように、自分のために表現するのが創作。作品は、子どもの分身です。

人生も同じです。

めざすべきは、誰かのために生きるのではなく、自分を信頼しながら、自分で選択した道＝自分の人生を歩んでいくこと。

提案を受け入れるかどうかも、子どもが決めることです。

みんなが、自分というアートを人生でつくりつづけるアーティストであれますように。

そんな思いでいつも子どもやお母さんとかかわっています。

❻（あなた自身も）
自分はどうしたいのか、に
向き合い続けてください

「何がしたいの？」で考えはじめる

創作の場では、子どもたちの「何をすればいいの？」には、「何がしたいの？」で答えつづけます。

「Atelier for KIDs」で見られる子どもたちの言動で、驚かれることがよくあります。


「早く終わった子も、自分で次の作品をつくりはじめる判断をしていた」

「素材がない、という文句が生まれない」

「『貸してあげるよ』『ありがとう』というやり取りも生まれていた」

「『ぼくのほうがうまい！』というような、比較の言葉も聞かれなかった」

「仲間の作品の表現に、『いいね！』とみんなが承認しあっている」

「あきらめる、ということがない」

「学校がつまんない、と怒りながらやって来た子も、穏やかな気持ちになっていた」

自分が否定されず、尊重されている安心感の中で、自分なりのこだわりに自信をもって表現に没頭できること。

子どもたち自身の「こうしたい」を受け止めつづけてあげることで、「どうしたい？」と考えることをゆだねることで、まわりへと意識を向ける余裕が生まれます。お互いを尊重する関係が生まれていきます。

自分を保つために、人と比較する必要も、誰かから評価される必要もなく、自分のうちから湧きあがるものを表現する経験は、自分に対する絶対的な自信をはぐくむのです。

自分が受け止められているという充足感。

そのことこそが、他者も含めて「皆が幸せになったらいい」という意識へとつながるのではないでしょうか。

大人自身が自分の気持ちと向き合うこと

創作の現場では、手助けを求めてきた子どもたちに「どうしたい？」と聞きます。その子自身の「こうしたい」というヴィジョンを共有することで、どうサポートすべきかが見えてくるからです。

「どう思う？　あなたはどうしたい？」

子どもたちにいつもそんな問いを投げかけ、自分と対話する時間をつくっていく。それが当たり前の空間に、何度も参加している小学２年生の女の子のお母さんから、こんな報告がありました。

「何かを決めるときに最近本人に『どうしたい？』と聞きます。すると、『ママはどうしたいの？』と問い返されました。

ママの理想に添いたいのかと思い、『あなたはどうしたいのか聞きたいの』と改めて聞くと、『わたしはママの気持ちを聞いてるの。ママはどうしたい？』

幾度かそれを繰り返すうち、親の理想に添いたいとか、そんな気持ちじゃないとわかりました。

娘は、ちゃんと『尊重』と『丸投げ』を見抜いているんです。

６つのやくそくにある『(あなた自身も）自分はどうしたいのか、に向き合い続けてください』は、本当にそのとおりだと思いました」

大人自身が完璧を求めないこと＝「私らしさ」を意識すること

「自分らしく生きる」とは、どういうことでしょうか。

「あなたらしさ」とは、何でしょう？

私が子どもたちを前にして大切にしていることのひとつに、「感情も意思もある、一個の人間として、対等であろうとすること」があるということはすでにお話ししました。

たとえば、大人が初心者の気持ちで何かをやってみせる。

そうすると、新しいことを始める楽しさを、簡単に子どもたちに伝えることができます。

完璧をめざさないで何かを楽しむとき、同じように子どもたちも楽しみます。

「完璧を求める」ことは、私はこのままでは十分ではない、という不安の表れかもしれません。私たちは、ありのままで十分すばらしい。

反対に、**いつも正しい答えを導き出そうと必死だと、何かを学ぶことの喜びは見出せな**

くなっていきます。

たとえば、自分の不完全さ（完璧な人間なんかいませんよね）を、さらけ出して見せてあげる。

それは、失敗を怖がらなくてもいいのだ、という価値観を伝えることにつながります。自分を信じて、何度でも挑戦する勇気を、教えることができるのです。

そう、夢をかなえた人は、失敗をしなかった人ではなく、失敗しても何度でも挑戦した人です。楽しみを見出しながら。

大変なときには、無理に「大丈夫」と言わない。より自然体でいられること。子どもの前で、自分のこころの声を無視したりせず、あなたらしさを表現すること。

自分の感情に正直になると、自分への信頼が深まります。その先に、他人への思いやりというものが生まれていきます。

自分の感情を知っていることは、表現するために、創造力を発揮するために、人として必要不可欠なものです。あらゆる困難な場面での解決策は、いつも創造力を必要とするのだから。

子どもたちがより「自分らしく」いられれば、成長したとき、自分の望む仕事を生み出していける大人になるでしょう。

自分を信じられることは、幸せなこと。

対等であろうとすることは、あなたらしくあること。

子どもたちを前にして、私たち大人側が、「私らしさ」というものを、もう一度見つめ直す必要があるのかもしれません。

第4章

日常にARTを

子どもたちと楽しむ創作レシピ

ここからは、私が子どもたち（やお母さんたち）とともに、ワークショップで制作したり、小学校の先生に提案したりする１００以上ある「創作レシピ」の中から、いくつかをご紹介したいと思います。

「創作レシピ」とひと口に言っても、実はいろいろな要素を組み込んでいます。

ちょっと難易度が高いように思えるようでも、がんばって挑戦してみることで技術を習得していく「手仕事」のおもしろさがあるもの。

木の枝や貝殻、ドングリや落ち葉などの「自然物」を使って、そのひとつとして同じものがないデザインの巧妙さ、人工でつくられたものには到底表現できないような色彩や造形を五感で感じながら制作することをテーマにしているもの。

出来上がった作品が、具体物である必要はなく、「色を選び取る」行為そのものが、自分だけの表現であることを実感できるもの。

子どもたちがより「自由に」表現していくことができる余白を多分に残すもの。

ハサミなどの道具を使いこなしていくことで、手先の器用さを伸ばしていくもの。

実験と試行錯誤を繰り返し、予想もしないものが出来上がっていくそのプロセスそのものが、即興芸術であるもの……。


もともと「創作レシピ」は、子どもから高齢者まで、幅広い年齢の人が楽しめることをイメージしていますが、実際に今回紹介する3つのレシピは、もとは年中クラスの思考実験のレシピ、アトリエでの小中学生向けの創作レシピ、小学校向けのアートレシピです。

しかも、どれも、0歳児から3歳児を子育て中のお母さん向けのセッション「Workshop for Mom」でも体験してもらっているものです。


ファシリテーター役の大人がいなくとも、家庭や保育、学校の場で参考にしてもらえるように、導き、見守り、言葉をかけるためのコツなども踏まえてわかりやすく解説していきますね。

大人は、ものごとに因果関係や目的を求めがちですが、子どもはルールがあったほうがいつもと違う引き出しが開いて、可能性が解放される生きものです。

「今日はこれとこれでつくってみよう」というような制限の中で、より創造性が発揮されるもの。

たとえ参照する「創作レシピ」がなくても、実は日常の中にいくらでも、自由自在につくってあそべるクリエイティブな創作あそびを見つけることができます。

ペットボトルの中に水と少しの絵の具を入れて混ぜることでできる色水制作、アルミホイルを粘土のように使ってつくる立体オブジェ制作、トイレットペーパーだけを使ってあそんだら……。

子どもたち自身が、夢中になってハマる、生活の中にあるものはすべて「創作レシピ」になるのです。

創作
Recipe
☆☆☆☆★

Scribble Art　スクリブルアート

テーマ　偶然に生まれ出すデザイン、広がるおもしろさ

▼使用素材

紙と色鉛筆やクレヨンなど色を塗るもの

▼創作の手順

❶ 描くものを用意します（今日は鉛筆で、今日はペンで、というように、使うものを決めてもよいでしょう）。

❷ ぐるぐると手を（腕ごと）動かして、黒い線を紙いっぱいに描きます。

❸「ぐるぐるは、好きなところで止めていいよ」
「いろいろなかたちができたね」

「たくさんの部屋に分かれているようにも見えるね」

見えたままを言葉にしてあげます。

❹「部屋ごとに、色を決めて塗っていくよ」
「どの色を使ってもいいよ」

「Scribble」とは、もともと「走り書き」「殴り書き」という意味の言葉です。紙とクレヨンさえあれば、どこでも楽しんで作品がつくれてしまうこの創作レシピは、短い待ち時間のようなすき間時間でもつくれてしまうので、親子で楽しむのにぴったりです。

絵を描くというと「苦手です」という大人も、「ただ殴り書きのように、ぐるぐると線を描き、色を塗る」という制約の中での作品制作は、偶然性に身を任せて、リラックスして色を選ぶことに、ただ純粋な喜びを見出すことができるはずです。

色を選ぶときも、直感的に、無心で選んでいくとよいでしょう。

子どもたちは、描いていくうちに「魚みたい」「ぞうみたい」と、意味をもたせていくこともあります。

話しはじめたら、聞いてあげてください。

「何か具体物を描く必要がない」わけですから、「これは何?」と聞く必要もないですし、何かに見えなくても大丈夫。

書き終わったら、黒い色画用紙などに切って貼って、作品として飾ってみるといいですよ。

「宇宙みたい」

「赤ちゃんが生まれる感じがするね」

「優しい色合いなんだね」

「海に泳ぐ魚みたいに見えるね」

「この前見た花火みたいにたくさんの色だね」

おうちの方が感じたこと、思ったことを言葉にして、ギャラリートークをしてあげるといいですね。

コラム

おうちでできる創作タイム

声のかけ方レッスン　感じて言葉にしてみよう――作品は子ども自身――

創作中は、子どもたちの「見てほしい」気持ちが強く出てきます。どんな表現も、その子らしさ。お友だちや先生のいいなと思ったアイデアをまねしても、同じものは出来上がりません。「それぞれが、唯一で、世界一。自由に、思うようにつくってね」という「ＡＲＴのとびら　きはん」部分を（できれば冒頭に、または創作中折に触れて）伝えてあげるとよいですね。

一枚の作品が出来上がったら……。「もう一枚つくりたい」と言う子、「違う紙に描きたい」と言う子、「できた作品を切ってみたい」と言う子……。それぞれの、「もっと追求したい」部分が出てきます。それが、彼らの表現活動そのものです。

子どもたち独自のアイデアや工夫、実験、試行錯誤などを見つけては、認めてあげるだけで、その子を丸ごと認めてあげることになります。

見守り観察し、発見して教えてあげる。

創作中は、受容と共感をしながら子どもたちの作品を見て、「あなた自身が気づいたこと」「感じたこと」を言葉にして伝えることを繰り返してあげます。

子どもたちの作品＝人格を丸ごと受け止める、ということだからです。

「全部の色を違う色にしたんだね」「この3色だけで塗ろうとしているんだね」「寒色系の色をたくさん使ったんだね」「台紙もこんな風にギザギザにしたんだね」

事実をそのまま言葉にするだけで、見てもらえている、認めてもらえたという気持ちに十分なります。

「ここにはぞうが隠れているみたいに見えたよ」「爆発しているみたいな色だね」

あなた自身が感じたこと、感情を言葉に置き換えるだけで、子どもたちにとっては作品＝自分自身を深く「認めてもらえたこと」になるのです。

創作
Recipe
☆☆☆☆★

Decalcomanie デカルコマニー

テーマ 偶然に生まれ出す、左右対称の美しいデザイン、色のにじみ、混色のおもしろさ 絵の具あそび

▼使用素材

画用紙と絵の具、筆、雑巾、新聞紙やビニールシート

▼創作の手順

❶ 描くものを用意します（絵の具を水で溶いたものを紙コップや空の容器などにつくる）。

❷「画用紙を半分に折っておくよ」

❸「半分に折った画用紙の片側だけに、（絵の具をたっぷり含ませた筆で）色を落とすよ」

❹「そうっと半分に画用紙を折り、上から手のひらでゆっくりと押さえてね」
（このときに絵の具がはみ出る場合は、雑巾でふき取るとよいでしょう）

❺「すみずみまで押さえきったら、そっと開いてみよう」

❻ もう一度同じ画用紙の上に絵の具を足していっても、別の画用紙で大量の作品制作に挑戦してもいいでしょう。できた作品を乾かす場所を決めておきます。

フランス語で「転写」の意味からくる「モダンアートテクニック」のひとつです。ロールシャッハテストにも使用されるので、ご存知の方も多いでしょう。

この創作レシピの最大の喜びは、折って開いたときに、絵の具が混ざって美しい色彩になっていること。さらに、左右対称のデザインが生み出される点にあります。

絵の具をどのくらいの粘度に溶くかによっても、ぜんぜん表情の違う作品が現れますし、何よりもその偶然出来上がる過程が、まるでマジックのようで子どもたちのみならず、大人のこころも躍動させます。

絵の具をたっぷり含ませた筆を、紙の上で振る楽しさに集中する子、開いたり閉じたり、と混色を何度も試してみたくなり、その魅惑的なあそびを繰り返す子、出来上がった作品を何かに見立てて、ハサミで切り取ってみる作品制作に発展する子もいます。

色をどんどん混ぜていくことそのものにハマる子もいますので、「それ以上混ぜないで」「汚さないで」というような、大人の価値観で行動を制限してしまうような言葉かけをしなくてもいいように、下に新聞紙やビニールシートを敷いたり、屋外やお風呂場でつくってみるなど創作の環境を整えてからスタートすることをお勧めします。

出来た作品を額に入れて飾って、家の中にギャラリーをつくることもできますよ。

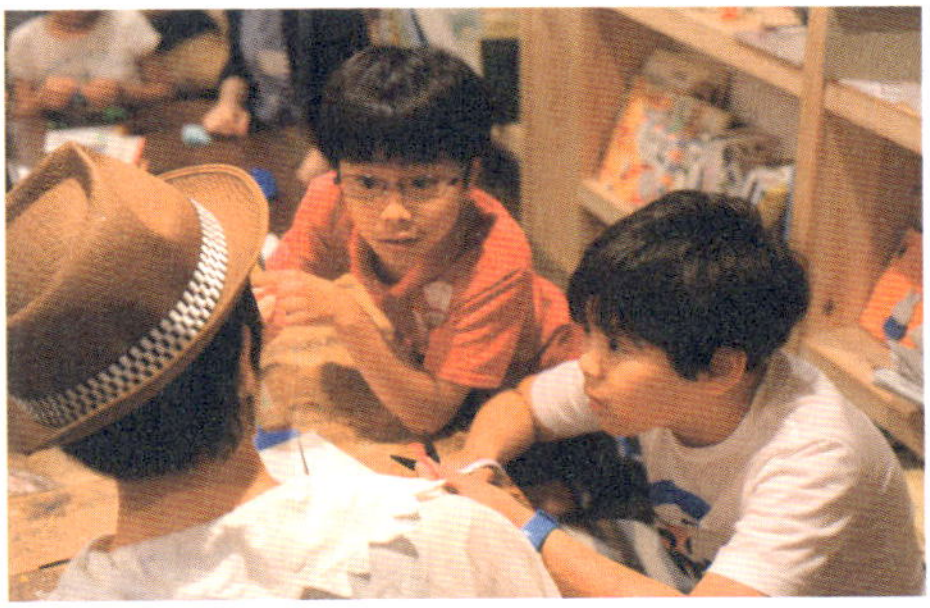

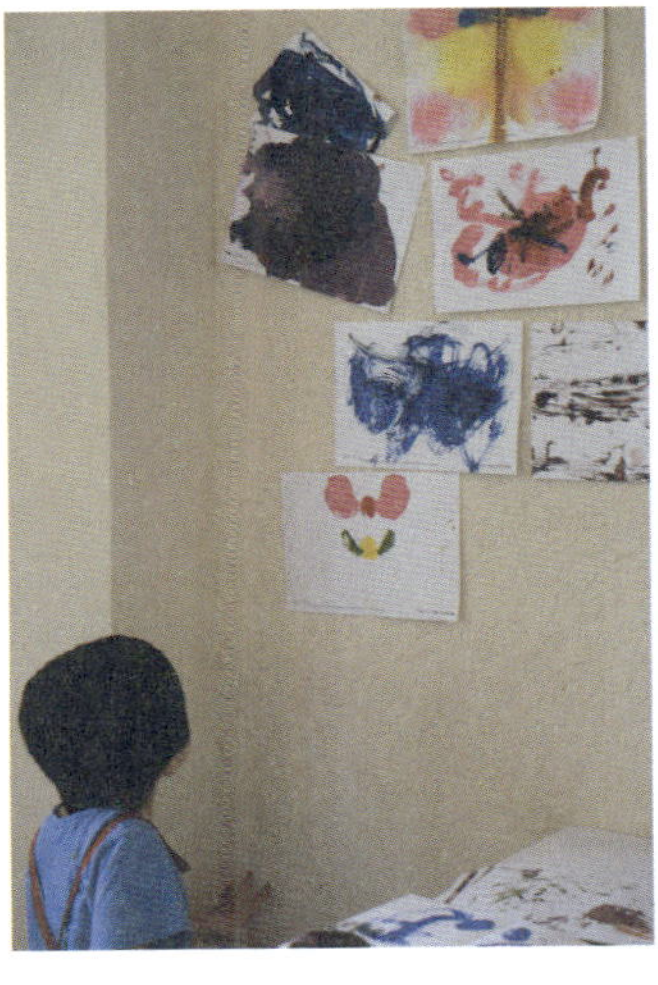

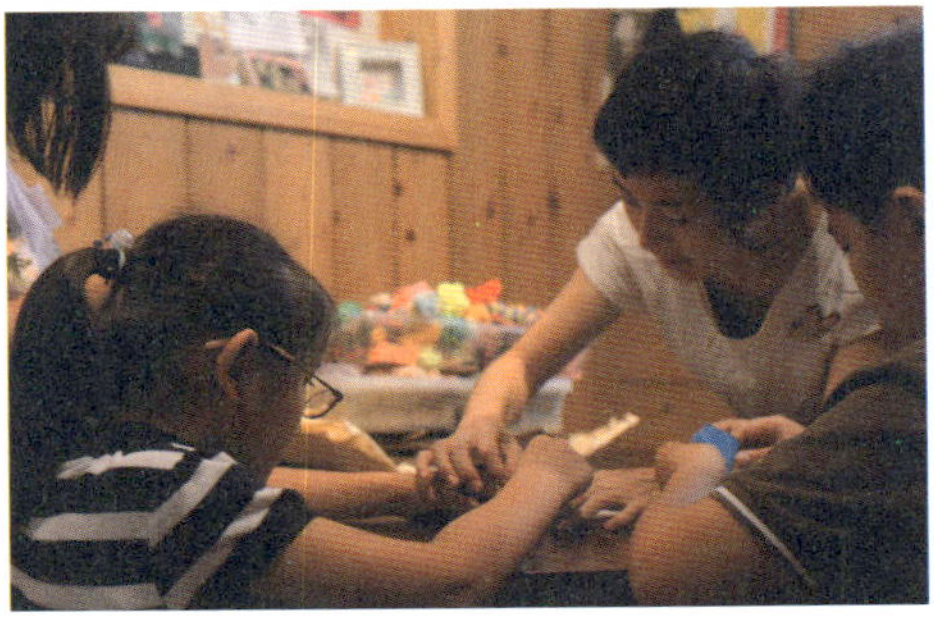

創作
Recipe
☆☆★★★

Peace Cross ピースクロス

テーマ 自然物に触れる
色を選び、組み合わせることでできるデザイン

▼使用素材

木の枝、毛糸

▼創作の手順

❶ 木の枝を準備。台風の後などが入手しやすいです。長いほど子どもの腕の長さでは難しくなります。

❷ 毛糸を準備。何種類かあったほうが、色を選ぶ楽しさが増えます。太めのアクリル毛糸だと制作しやすいです。

❸ 木の枝を十字にして、毛糸の先を十字の上に置いて、親指で軽く押さえます。

❹ そのまま、まずは十字に下枝を固定するところから同じ方向に5回巻き、さらに90度動かして5回巻くことで、十字は固定されます。
この部分が幼児には難しいので、大人がやってあげてもいいかもしれません。

❺ 固定されたら、木の枝に上から毛糸をひと巻きし、隣の木の枝にも上からひと巻き……と、木の枝を回していくようにリズミカルに動かしていくのを繰り返すことで、だんだんと織物のように出来上がっていきます。

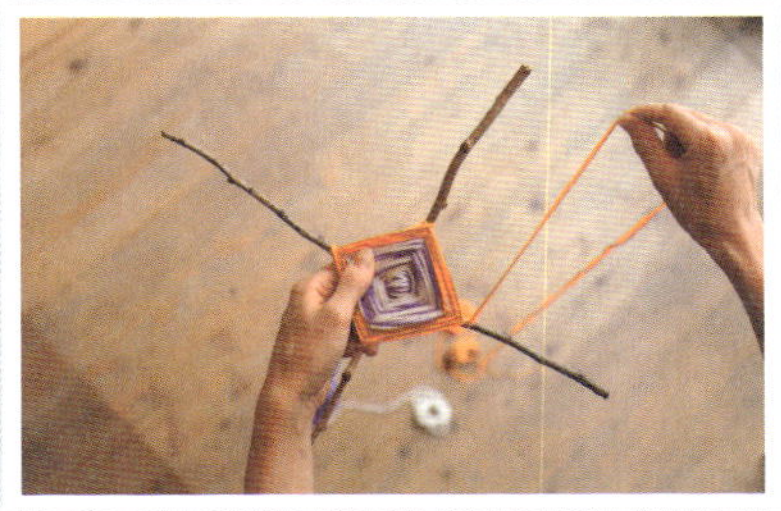

人気の創作レシピ「ピースクロス」。

ロンドンの大英博物館を訪れたときに、所蔵されているのを発見して驚いたのですが、ネイティブアメリカンに古くから伝わるクラフトワークのひとつで、その昔、おめでたいことがあったときや祭事のときに飾られたり、縁起のよいお守りのような役割としてつくられたりしていたようです。

海外では「ゴッズアイ」という名前で知られています。

毛糸を、どんな力加減で巻いていくのか、同時にいくつかの色を混ぜて制作するのかによっても、雰囲気の違う作品が生み出されていきます。

自然の中からいただいてきた木の枝を組み合わせ、直線ではないその木肌に触れながら、毛糸をただ編み込んでいくという作業を続けると、何か神聖な、祈りにも似た時間が訪れます。

枝は2本で基本のクロスのかたちができますが、3本を組み合わせることで6角形のデザインが編みあがることに気がつく子もいますし、大好きな家族のことをイメージして選んだ色で、プレゼントとして制作する子もいます。

一度やり方を身につけると、誰かに教えることもできるので、大量につくり出す子もいます。

ぜひおうちの方や、おじいちゃんおばあちゃんにも、教えてあげるといいですね。贈りたい誰かがいることは幸せの証。年代を問わず楽しめる創作レシピです。

このレシピの手順については、言葉よりも、実際にやって見せてあげることで理解し、身体で覚えていくものです。

子どもとかかわる大人が、お手本を見せてあげましょう。

創作レシピを、教育者の視点でデザインする

あるとき私は、アート（作品の創作）は、作品をつくることそのものや、芸術的センスを磨くこと、技術の習得が目的ではなく（結果としてそれらのスキルも伸びてはいきますが）、子どもたちが自分らしく生きていくことを奨励するための、最も有益な手段のひとつなのだと気がつきました。

そのことに気がついてからは、すべての創作レシピの提示を、そのような教育的意義のもとデザインしています。

子どもたちが、人とは違う自分のユニークさを自覚したうえで、その自分らしさを自由に表現してよいのだということ、それは等しく尊さをもって認められるのだということ。

自分を大切にする経験があるからこそ、他人を尊重することができるようになるのだと

いうこと。

あなたはそのままですばらしい。人生は有限であり、それをどうデザインするかは、あなたが決めることなのだということ。

人とあまりにも違う感覚をもっていた幼少期。

人はこんなにも一人ひとりが違っているのに、なぜ同じを求めるのだろう、なぜ違うことは許されないのだろう。

ありのままの自分を表現することが大切にされないことへの怒りと不安。家庭という安心と安全に満ちていた場所から、初めて外の世界（学校という社会）に出たときに感じた、自分自身への嫌悪と恐怖の入り混じった、忘れることのない憤り。

その経験は、のちに重要な視点を得るために、私にとって必要な出来事だったのだといまならわかります。

絶対にそのような気持ちを、どの子にも抱かせたくないという、教育者としての確固たる指針の土台になっているからです。

才能が抜きん出ている子や、感覚が鋭く独特の世界でほかの子と違った能力をもつ子が、周囲に理解されずにいることは社会的損失です。

自分というものを信頼し、安心して自分を表現していける世界を守れたら、自律的で創造的な知恵が生まれていく、豊かに発展する国の土壌となるはずです。

教育とは、子どもの社会化の過程。彼らが自分の能力を発見し、将来自分に最もふさわしい社会的地位を得るためのプロセスなのです。

人は自分の能力があるがままに認められ、それに相応しい場を社会の中で得て、初めて大きな幸福感をもって生きていくことができるはずです。

社会は、そうした幸福な個人によって支えられます。

すべての子どもが、本当の幸せを自分の手でつかめますように。

あとがきにかえて

絵も人生も本当に好きなように描ける子どもに

花まる学習会代表　高濱正伸

私は、20代のある年、学校も休学し哲学だけをする一年間を過ごしました。牛乳配達をして生活リズムをつくり、あとは「生きる意味とは」「仕事は必要か」「家族って何か」「世界の問題はなぜ起こるのか」などなど、人生の根本的な課題について、ひたすら考えぬき、友と議論して、言葉としてためこんでいました。

そのなかで、**「人間は心の生きものである」という考えに至りました。**

人生の幸せは、ダイヤモンドでも土地でも金でもなく、心の平安・心が満ちることに尽きる。余裕ある財産は生きるうえであったほうがよいが、心にゆがみや欠落があると不幸せであり、それが証拠に、「心寂しい、または心を病んでいるお金持ち」が確かに存在する。

逆に、裕福でなくとも、誰かに愛され、頼られ、ねぎらいあう温かい心のつながりのなかで暮らしていれば、十分に幸せなのであって、いわゆる途上国に行くと、貧しくとも家族愛・地域愛に育まれ、輝くような笑顔の子を大勢見ることができる。

また、すてきな人と残念な人との違いは、ひとえに心にある。

たとえば「タバコをポイ捨てする大人」は、なぜその行動を取るのかというと、「ポイ捨てをしても平気な感性＝心の感度」を持っているからである。

そう育ってしまった大人を説得するのは不可能ではないが大変困難で、「干渉するな」と反発されるのがオチである。

すなわち、世界をよくするためには、次世代がよりよくなるように、育児や教育の段階で「健やかな心を育てる」ことが肝となる。

私は、限りある人生の時間のなかで自らの職業を選択するにあたって、人の心を育てる「教育」か、その感性に直接影響を与える「芸術」のいずれかにしよう、と決意したものです。

50歳で「情熱大陸」という番組に出たときに、「子どもと芸術は一生を賭けるに足る」と語ったのですが、それは24歳の哲学時代の結論だったのです。

一方、**「こんな大人になれるといいよな」と思えるすてきな人が、なぜそのような人格になったのかということを研究すると、**「親や家族に深く愛されて育っている」「つらい状況や逆境を乗りこえた経験がある」などいくつかの条件と並んで、**「何かの芸術（絵や音楽や映画や本など）にとてものめりこんだ経験をしている」という人が多いこともわかりました。**

それはひと言で言えば、**「本当にすばらしい芸術を味わえる＝高いレベルの感動を知っている人は、くだらないことをしなくなる」**ということだろうと思っています。

テレビなどの仰々しい反復の広報だけに流されず、時代を超えて生き残っている名画を見ている、ということともいえます。

本当に深い感動を経験しているがゆえに、日々の行動の判断基準がいちいち違っていて、長年の間に大差となるのです。芸術への没頭や精通は、間違いなく価値があるのです。

ところが、芸術教育は、音楽においても絵画においても成功しているとは到底思えません。

ピカソの名前を知っているだけでなく、すごさを感じ取れる人がどのくらいいるでしょうか。

それは、これまでの学校教育の失敗でしょう。

理由は明らかで、成績をつけられる科目のひとつとして、マスト（must）なものとして提供されつづけているからです。

「写真のように正確に描写する」ことや「他人よりもうまく描く」こと、「一音もずれずに歌いきれる」というような（これは、全否定すべきものではありませんが）要件の集合体としての科目になりさがっているからです。

何よりも大事な「自分なりの目や耳で感じとり、自ら創ることの醍醐味を知り、人生の習慣によき影響を与えるもの」になれていないということでしょう。

誰かと比較せず、外の誰かが構築した「他人の基準（成績）」にうまく合わせることに拘泥せず、自分が描きたいように描き、主体性と決意と歓喜とを伝える芸術教育に、塗り

替えていかねばなりません。

この本は、そのきっかけになる一冊でしょう。

著者であるRin（井岡由実）は、花まる学習会グループのなかで教室長を続けながら、心を病んだ青年たちへの専門的な対応に専心したあと、「芸術をとおした幼児期の感性育成」をひたすら継続してきた人物です。

外見は細身の可憐な女性ですが、芯は鋼の意思と感受性を持っている、根っからの芸術家だと、私はずっと感じてきました。心震わせるもの以外何も興味ないというくらい、ハッキリとした人格です。

『これは何を描いたの？』というひと言は危険である」と主張する点に、この本の真骨頂が表現されているでしょう。

自由に描くことのよさを知りぬいた人が、愛溢れる眼差しで興味津々という表情で同じ言葉を言うのならば、たいした問題もないでしょう。

しかし、現場に張りついていると、何と多くの親御さんが、「この子のために」「早く」

「意味あるものを」「上手に」描けるようにしたいという気持ちのなかで、その言葉を発していることでしょう。

そのほんのちょっとした言葉が、毒薬のように効いてくるのです。

のびのびと描くことを楽しめるはずだった魂が、いつのまにか「上手に」「期待されるもの」を描こうとするのです。

これは、単に芸術の話にとどまりません。

不幸な人を観察すると、他人がつくった評価基準（テスト・ランキング・偏差値・親の期待など）のなかで好成績を取ろうとする落とし穴にはまっているなと思います。

何かを達成しても常に「その上」を目指すことを強要され、達成できなければ不幸であり、明確な基準などない人生のあらゆる場面で「私は、これでよい母親と言えるのだろうか」というような悩みや不安に陥るのです。

また、「大成功した起業家には、若い一時期、不良・迷走・逸脱の時代がある」というデータが最近話題になりましたが、それは、どこかで親の期待という厚い殻をぶち壊してゼロベースでやりたいことを決定することの重要性が表れているのでしょう。

絵も人生も本当に好きなように描ける。

そして常に楽しさと喜びと感謝に満ちながら生きていける。

そういう人が増えるとよいですね。この本が、その一助となりますように。

装丁／西垂水敦・太田斐子（krran）
カバー写真／Shutterstock
本文デザイン・ＤＴＰ／ＩＳＳＨＩＫＩ（川野有佐）

著者／井岡由実（いおか　ゆみ）

奈良県生まれ。2001年花まる学習会入社、同年、児童精神科医の故・稲垣孝氏とともに「こころの相談室Sali（サリ）」を立ち上げる。2005年朝日小学生新聞で「国語のきほん」連載を担当。その後『国語なぞペ～』（草思社）ほかを執筆。2007年に文京区根津に「Gallery OkarinaB」を設立、自らも教育と芸術をテーマに、国内外での展示や創作を続けている。子どもと保護者たちからは、「Rin（りん）先生」と慕われている。

監修者／高濱正伸（たかはま　まさのぶ）

テレビ「情熱大陸」「カンブリア宮殿」「ソロモン流」、朝日新聞土曜版「be」、雑誌「AERA with Kids」などの多くのマスコミに登場している、熱血先生。1959年熊本県生まれ。東京大学・同大学院修士課程修了。1993年、「数理的思考力」「国語力」「野外体験」を重視した、小学校低学年向けの学習教室「花まる学習会」を設立。算数オリンピック委員会理事。著書に、『お母さんのための「男の子」の育て方』『お母さんのための「女の子」の育て方』（以上、実務教育出版）などがある。

◎編集協力／大塚由香

こころと頭を同時に伸ばす
AI時代の子育て

2018年9月30日　初版第1刷発行

著　者　井岡由実
監修者　高濱正伸
発行者　小山隆之
発行所　株式会社 実務教育出版
〒163-8671　東京都新宿区新宿1-1-12
電話　03-3355-1812（編集）　03-3355-1951（販売）
振替　00160-0-78270

印刷／日本制作センター　　製本／東京美術紙工

ISBN978-4-7889-1324-0　C0037

子どもが自分から練習し始める本！

なぞらずにうまくなる 子どものひらがな練習帳

筑波大学附属小学校 桂聖
書道家 永田紗戀【著】
[ISBN978-4-7889-1052-2]

名門筑波大学附属小学校で行なわれている書字指導を初めて書籍化！　子どもの陥りやすい点を熟知しているからこその的確なアドバイス。そして、新進気鋭の書道家による、ひらがなの形を楽しくイメージさせるイラストが大評判。「子どもが楽しそうに練習している」と絶賛の声続々。

カタカナも楽しく練習しよう！

なぞらずにうまくなる 子どものカタカナ練習帳

筑波大学附属小学校 桂聖
書道家 永田紗戀【著】
[ISBN978-4-7889-1088-1]

アイウエオ順ではなく、子どもが学習しやすい順に文字を配列！　そして、カタカナを練習する際には、次のポイントに留意してください。①同じ字形を見つけて書くこと②似た字に注意すること③ひらがなの単語とカタカナの単語を区別すること。カタカナがうまくなれば、漢字も上手になります。

実務教育出版の本

多くの子どもがつまずいている箇所を網羅！

1日 10分 小学校入学前のさんすう練習帳
【かぞえる・あわせていくつ】

西村則康【著】

[ISBN978-4-7889-1169-7]

1日 10分、ゆっくりとやってください。本書には、「おうちのかたへ」として、やり方のアドバイスを各所に入れています。できるかぎりそれに沿って、お子さんにおつきあいください。お母さんの笑顔やほめ言葉やねぎらいがお子さんのやる気を育てるのです。

1日 10分 小学1年生のさんすう練習帳
【たし算・ひき算・とけい】

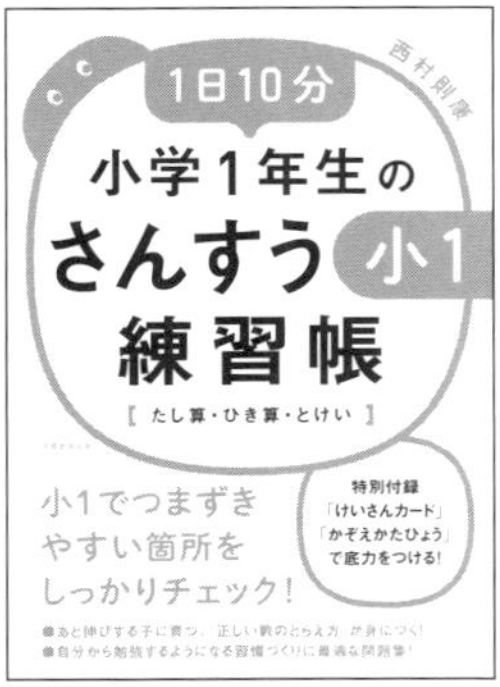

西村則康【著】

[ISBN978-4-7889-1163-5]

1日 10分、毎日続けることがポイントです。その際に、おうちの方が笑顔で学習に誘ってください。勉強とほめてもらえることのくり返しが、勉強を続けていける子に育てます。小学校に入学してやる気が高まっているこの時期に、学習習慣を身につけさせることが大切です。

実務教育出版の本